D1718949

Avigdor Dagan

Gespräche mit Jan Masaryk

Vom Autor ins Deutsche übersetzt

Mit einem Vorwort von Rudolf Ströbinger

Thule

CIP-Kurztitelaufnahme der Deutschen Bibliothek

Dagan, Avigdor:
Gespräche mit Jan Masaryk/Avigdor Dagan.
Vom Autor ins Dt. übers. Mit e. Vorw. von
Rudolf Ströbinger.
Köln: Thule, 1986.
Einheitssacht.: Hovory s Janem Masarykem (dt.)
ISBN 3 924345 02 3

© für die deutsche Ausgabe:
THULE Verlag, Köln, 1986
Postfach 940 128

Übersetzung: Avigdor Dagan
Lektorat: Margarete Orendi
Graphische Gestaltung: Ingrid Lemke
Druck: Ziegler Beckmann, Köln
Printed in Germany

ISBN 3 924345 02 3

INHALT

Vorwort

JAN MASARYK – DEMOKRAT, POLITIKER, MENSCH

Mittwoch, 10. März 1948. Früher Morgen.
František Pomezný, Fahrer des Prager Außenministeriums, steigt langsam die Treppe hoch. Zwei, drei Schritte hinter ihm geht sein Schwager, der Heizer Merxbauer. Sie wollen die Flaggen vom Gebäude des Ministeriums herunterholen. Die neue Regierung Gottwald, deren Machtantritt mit Fahnen gefeiert wurde, sitzt nun fest im Sattel. Staatspräsident Edvard Beneš hat den Rücktritt der nichtkommunistischen demokratischen Minister angenommen und nach kurzem Zögern die neue Ministerliste unterzeichnet: Kommunisten, linke Sozialdemokraten, einige Mitläufer aus den bürgerlichen Parteien. Nur einer der neuen Minister paßt nicht so recht in dieses einfarbige Gebilde: Der Außenminister Jan Masaryk, Sohn des Gründers und ersten Staatspräsidenten der Tschechoslowakei T.G. Masaryk.
Jeder weiß, daß Jan Masaryk niemals Kommunist sein könnte. Und jetzt ist er der Regierung des Ministerpräsidenten und Vorsitzenden der Kommunistischen Partei der Tschechoslowakei, Klement Gottwald, dennoch beigetreten. Der Regierung, die heute in der Nationalversammlung ihr Regierungsprogramm vorlegen würde. Und jeder im Lande weiß auch, daß mit diesem Regierungsprogramm all das, was die Präsidenten Masaryk und Beneš aufgebaut haben, mehr oder weniger verloren ist. Daß die Tschechoslowakei endgültig in das kommunistische Lager überwechseln und zu einem Satelliten Moskaus herabsinken wird.
Fahrer Pomezný bleibt einige Sekunden stehen und schaut zum Fenster hinaus. Er hört hinter sich die Schritte

9

*des Heizers. Dann erstarrt Pomezný. Da liegt doch etwas im
Hof! Auch Merxbauer sieht nun in der Morgendämmerung
unten etwas liegen. Ein dunkles, längliches Bündel. Sie laufen die Treppe hinunter. Pomezný hört wieder den Heizer
hinter sich. Jetzt atmet er noch schwerer als vorhin, während sie zum Dach hinaufstiegen. Und dann sind sie auf dem
Hof. Pomezný schaudert. Es ist kalt an diesem Morgen des
10. März.*

Das ist doch der Minister — Jan Masaryk!

*Einige Sekunden starren sie auf den Toten. Er liegt im ge-
streiften Schlafanzug auf den Pflastersteinen. Der Heizer
Merxbauer hebt den Kopf. Oben steht ein Fenster weit offen, das Badezimmerfenster in Masaryks Dienstwohnung.*

„Er ist tot", sagt der Heizer...

Die Macht und die Verantwortung

*Wer war dieser Mann, der in der Nacht vom 9. zum 10.
März 1948 im Prager Czernin-Palais starb?*

*Jan Masaryk wurde am 14. September 1886 als Sohn To-
máš Masaryks, Professor an der Karls-Universität in Prag,
und seiner amerikanischen Frau Charlotte Garrigue geboren.
Jan, oder Honza, wie man ihn ein Leben lang nannte, war
das jüngste der vier Kinder des Ehepaares.*

*Nach dem Besuch eines Prager Gymnasiums — das er übri-
gens mit keinem überwältigenden Ergebnis abschloß —,
schickte ihn sein Vater in die Vereinigten Staaten. Acht Jahre verbrachte er dort und kehrte kurz vor Ausbruch des Ersten Weltkrieges nach Prag zurück.*

*Während Vater Masaryk in den Jahren 1914-1918 im Exil
die Westmächte zu überzeugen suchte, daß die österrei-
chisch-ungarische Monarchie zerschlagen werden müsse und
sie für die Gründung des unabhängigen Staates Tschechoslowakei gewinnen wollte, kämpfte sein Sohn Jan als k.u.k. Offizier an der italienischen Front. Tomáš Masaryk kam 1918
als Präsident der tschechoslowakischen Republik nach Prag
zurück. Jan hingegen kehrte als demobilisierter Offizier der
geschlagenen Monarchie — und als Träger einiger Tapfer-
keitsmedaillen heim... Auf Drängen seines Vaters trat Jan in*

den diplomatischen Dienst des jungen Staates. Als Chargé d'affaires in Washington heiratete er 1919 Frances Crane. Von 1920 an war Jan fünf Jahre lang persönlicher Sekretär des damaligen Außenministers und späteren Staatspräsidenten der Tschechoslowakei, Dr. Edvard Beneš. 1925 wurde er zum Botschafter in Großbritannien ernannt. Bis 1945 lebte Jan Masaryk in London — nach 1942 als Außenminister der tschechoslowakischen Exilregierung.

Zwanzig Jahre in London haben Jan Masaryks Leben nachdrücklich geprägt. Die Gesellschaft der britischen Hauptstadt und die diplomatische Welt lernten ihn als lebensfrohen Kosmopoliten, als „Playboy" der Zwischenkriegszeit kennen, der Musik liebte, sich gerne in der Gesellschaft schöner Frauen zeigte und den englischen Lebensstil zu würdigen und zu schätzen wußte. Aber der Ernst der Geschichte holte Jan Masaryk 1938 ein. Das Münchner Abkommen, aufgrund dessen die Tschechoslowakei ihre Grenzgebiete an Hitler-Deutschland abtreten mußte, traf Jan Masaryk wie ein Schlag. Er nannte die Monate September und Oktober 1938 die schlimmsten seines Lebens.

Die Situation wurde auch für ihn persönlich komplizierter, nachdem Beneš im Oktober 1938 seinen Rücktritt als Staaspräsident erklärt hatte und bald darauf nach London in die Emigration ging. Am Sterbebett seines Vaters — übrigens war der Todestag Tomáš Garrigue Masaryks, der 14. September, zugleich der Geburtstag des Sohnes — hatte Jan diesem versprochen, in der, wie T.G. Masaryk vorausgesehen hatte, schweren Zeit Beneš zur Seite zu stehen. Bereits einige Monate später stellte Jan Masaryk fest, daß Beneš' politische Ziele mit denen, die er selber vertrat, keineswegs übereinstimmten. Und die Differenzen wurden im Laufe des Zweiten Weltkrieges immer größer.

Die russische Frage

Edvard Beneš, der unter dem Komplex des Münchner „Verrats" der Westmächte litt, war überzeugt, daß er die Zukunft der Tschechoslowakei, aber auch die des Politikers Beneš, nur in enger Zusammenarbeit mit der Sowjetunion und mit Josef Stalin gestalten könne. Der Demokrat westlicher Prägung Jan Masaryk hingegen war von Anfang an von der Abwegigkeit einer solchen Politik überzeugt. Infolgedessen versuchte er, sofern er konnte, dieser Politik nach Möglichkeit gewisse Grenzen zu setzen. Wie sich vor allem in den ersten drei Nachkriegsjahren zeigen sollte, leider ohne allzu großen Erfolg.

Begonnen hatte es bereits 1940, als sich Masaryk mit Wissen und Zustimmung seiner politischen Freunde in Großbritannien, vor allem Sir Anthony Edens und Robert Bruce-Lockhardts, der bereits 1917 in Petersburg gegen die Bolschewiki konspiriert hatte, leidenschaftlich für eine tschechoslowakisch-polnische Föderation nach dem Krieg einsetzte. Er war verbittert, als Beneš auf Druck der Sowjets 1942 und 1943 von diesen Plänen abrückte und sie schließlich fallenließ. Seine kritische Haltung gegenüber Stalin und der sowjetischen Politik formulierte Jan Masaryk eindeutig in einem Beitrag für die New Yorker Zeitschrift „Free World" im Dezember 1941. Darin bekannte er sich zur freien Marktwirtschaft, brach eine Lanze für eine künftige europäische Föderation und warnte in einer Zeit des aufkeimenden neuen sowjetischen Panslawismus vor einem möglichen panslawistischen Imperialismus. Als Beneš dann daranging, einen tschechoslowakisch-sowjetischen Freundschaftsvertrag vorzubereiten und damit den Sowjets nach der Niederlage Hitlers praktisch die Tür nach Mitteleuropa zu öffnen, war es Jan Masaryk, der sich den Plänen seines Präsidenten entgegenstellte. Im Dezember 1943, als Beneš zur Unterzeichnung des Vertrages nach Moskau flog, befand sich sein Außenminister nicht unter den Mitgliedern der tschechoslowakischen Delegation. Auf diese Weise wollte Masaryk seinen politischen Freunden im Westen signalisieren, daß er sich von der prosowjetischen Linie, die Beneš vertrat, distanziert hatte.

Moskau blieb die kritische Ablehnung Jan Masaryks selbstverständlich nicht verborgen, also wurde er auf die „schwarze Liste" gesetzt. Man versuchte, ihn zu neutralisieren. Beneš hatte sogar wiederholt die Absicht gehabt, Jan Masaryk als Außenminister durch seinen Intimus Hubert Ripka zu ersetzen. Vermutlich waren es lediglich die Tatsa-

sache, daß Jan Masaryk der Sohn des Staatsgründers war, und seine große Beliebtheit in der besetzten Heimat — jede Woche sprach Masaryk über die BBC zum tschechischen Volk —, die Beneš an der Verwirklichung seines Vorhabens hinderten.

Noch zweimal versuchte Jan Masaryk während des Krieges, den sowjetischen Einfluß auf die Zukunft der Tschechoslowakei abzuwehren. Im Herbst 1944, als in der Slowakei ein Aufstand ausbrach, bat er die Westmächte, militärisch einzugreifen und so den Sowjets zuvorzukommen. Im Frühjahr 1945 schließlich forderte Jan Masaryk in London von Churchill und Eden in vertraulichen Gesprächen, die alliierten Truppen sollten doch Prag befreien und auf diese Weise den Einmarsch der Roten Armee in die „Goldene Stadt" an der Moldau verhindern. Die britischen Politiker erkannten, daß sich die Tschechoslowakei dem Einflußbereich des Kremls nur so entziehen würde. Auf Masaryks Anraten, suchten sie, auch Roosevelt und später Truman für diese Idee zu gewinnen. Diese aber lehnten leichtsinnig ab, wie übrigens General Eisenhower auch. Für die politischen Folgen dieses Schrittes, für die spätere Entwicklung im Herzen Europas hatten sie einfach kein Gespür.

Im Sommer 1947 unternahm Jan Masaryk einen letzten Versuch zu retten, was noch zu retten war. Und das zu einer Zeit, als er bei vielen internationalen Verhandlungen und der UNO schon Vorschläge und Initiativen der Sowjets billigte. Er sprach selbst voller Verbitterung über sein Verhalten und meinte ironisch, mit einer Hand stimme er für die Anträge Moskaus, mit der anderen halte er sich die Nase zu, weil ihm diese Anträge „stinken". Als die tschechoslowakische Regierung im Juli 1947 das Angebot, sich am Marshall-Plan zu beteiligen, annahm — übrigens geschah dies auf Vorschlag Masaryks —, hoffte er, daß sich das Land damit wenigstens teilweise aus der immer festeren Umklammerung der Sowjets werde lösen können. Doch schon nach einer Woche wußte er, daß dies nicht möglich war. Als Mitglied einer Regierungsdelegation nach Moskau zitiert, mußte Masaryk Stalins Befehl ausführen und die tschechoslowakische Teilnahme am Marshall-Plan rückgängig machen. Wieder in Prag gestand er seinen Freunden gegenüber, er sei als Au-

ßenminister eines freien Landes nach Moskau gefahren und als Knecht Stalins zurückgekehrt.
Die Tragödie Jan Masaryks schien ihren Höhepunkt erreicht zu haben.

Die deutsche Frage

Welches Verhältnis hatte Jan Masaryk zu den Deutschen? Als er Anfang 1939 zu einer Vortragsreise in New York eintraf, wurde er auch danach gefragt. Seine Antwort war eindeutig: „Ich würde lieber in einem anständigen Deutschland in der Provinz leben, als in einer faschistischen Tschechoslowakei König sein."
Noch klarer drückte Jan Masaryk sein Verständnis für ein demokratisches Deutschland am 1. Februar 1940 in einem Beitrag für die Zeitschrift „Central European Observer" aus. „Natürlich bin ich Slawe", schrieb Jan Masaryk, „aber – so hoffe ich – zuerst Europäer. Ich bin überzeugt, daß das Schicksal unseres Volkes nicht von dem der anderen mitteleuropäischen und Donauvölker, seien sie nun Slawen oder nicht, getrennt werden kann... Ein freies Deutschland in einem freien Europa und daneben die Tschechoslowakei... eine freie Tschechoslowakei in einem freien Europa."
Jan Masaryks Haltung zur deutschen Frage und zu den Deutschen bekam etwa 1942 einen Riß. Er wurde kritischer, betrachtete die Entwicklung in Deutschland und die Reaktion der Deutschen distanzierter. Die Erklärung dafür ist eindeutig. Im September 1941 hatte Reinhard Heydrich als „Stellvertretender Reichsprotektor" seinen Liquidierungsfeldzug gegen die tschechische Bevölkerung mit der bekannten Brutalität und im bekannten Ausmaß begonnen. All das blieb nicht ohne Wirkung auf Masaryks Denken.
Und dennoch – Jan Masaryk war nicht ein Mensch, der hassen konnte, und er hat auch nicht gehaßt.
Noch etwas sollte man nicht unberücksichtigt lassen, wenn man heute Masaryks Ansichten liest, die übrigens aus der Zeit unmittelbar nach dem Ende des Zweiten Weltkrieges stammen, als das Ausmaß des nationalsozialistischen Terrors erst voll bekannt wurde: Viele führende britische,

*französische und amerikanische Politiker haben sich damals
ähnlich geäußert. Und trotzdem wurden sie in den darauffolgenden Jahren zu Verfechtern einer aufrichtigen, engen
Freundschaft mit dem deutschen Volk, das sich in seinem
Staat, der Bundesrepublik Deutschland, für ein demokratisches System entscheiden und fest zu den Grundprinzipien
der Demokratie stehen sollte.*

Der Rest ist Schweigen...

Wie starb Jan Masaryk?
*Am 17. September 1948, sechs Monate nach seinem Tod,
wurde offiziell festgestellt, daß Jan Masaryk Selbstmord verübt habe. Er soll durch Telegramme westlicher Politiker, seiner Freunde, die ihm nicht verzeihen konnten, daß er der
neuen Regierung beigetreten war, in den Tod getrieben worden sein. Eine Version, die das Prager kommunistische Regime inzwischen fallenließ. Da der These über einen Selbstmord niemand Glauben schenken wollte, erfand man einen
„Unglücksfall“. Am 9. Januar 1970 erklärte Staatsanwalt
Dr. Karel Pešta, Masaryk sei vermutlich „zufällig“ aus dem
Fenster gefallen. Bekanntlich, so der Staatsanwalt, pflegte
der Minister, sich gerne auf die Fensterbank zu setzen. Dies
sei wohl auch in der Nacht vom 9. zum 10. März 1948 der
Fall gewesen. Er habe das Gleichgewicht verloren, sei in die
Tiefe gestürzt und... gestorben.*
Vielleicht ist es wirklich so gewesen. Vielleicht!
*Vieles, sehr vieles spricht aber dafür, daß Jan Masaryk er-
mordet wurde, was auch seine Freunde im In- und Ausland
vermuten. Die Mörder kamen wohl aus Moskau, vom be-
rühmt-berüchtigten sowjetischen Staatssicherheitsdienst. Mit
dem Mord wollte man der Absicht Masaryks zuvorkommen,
sich nach Großbritannien abzusetzen. Eindeutige Beweise
dafür gibt es jedoch nicht. Nur Indizien, aber viele und oft
auch sehr überzeugend klingende Indizien. Fest steht, daß
Masaryk tatsächlich sein Land verlassen wollte. Und das
scheint den Sowjets bekannt gewesen zu sein. Kamen sie
ihm zuvor? Gründe, ihn aus dem Weg zu räumen hatte Moskau, hatte Stalin auf jeden Fall mehr als genug. Denn ein*

Jan Masaryk im freien Westen wäre für sie eine Gefahr gewesen. Tote aber schweigen.

Und Jan Masaryk mußte schweigen. Avigdor Dagans Buch hat dazu beigetragen, daß seine Stimme trotzdem auch heute noch zu hören ist.

Rudolf Ströbinger

Die erste Begegnung

Zur ersten Begegnung mit Jan Masaryk brachte mich Frau Rebecca Sieff. Sie und ihr Gatte, der spätere Lord Sieff of Brompton, gehörten zum Kreis der führenden zionistischen Persönlichkeiten in England um Professor Chaim Weizmann, den ersten Präsidenten Israels. Ende März 1939, genau vierzehn Tage nach Hitlers Einmarsch in Prag, war es mir gelungen, nach London zu entkommen. Die Zionistische Organisation in der Tschechoslowakei hatte mich damals mit der Aufgabe betraut, für etwa siebzig führende Vertreter des tschechoslowakischen Judentums, die nach der Besetzung durch die Nazis am meisten gefährdet schienen, das britische Einreisevisum zu erwirken. Falls sie noch in der Lage wären, Prag rechtzeitig zu verlassen, sollte ihnen die Möglichkeit geboten werden, die Zuteilung von Immigrationszertifikaten für Palästina, die damals den britischen Mandatsbehörden oblag, in England abzuwarten. Zwar zeigten die Engländer viel Verständnis und guten Willen und erteilten auch binnen weniger Tage allen, die sich auf meiner Liste befanden, die Einreiseerlaubnis, doch wurde mir noch vor diesem Erfolg klar, daß eigentlich eine breit angelegte Rettungsaktion vonnöten gewesen wäre. Die Kommunisten und der sudetendeutsche Widerstand gegen die Nazis, mit dem Abgeordneten Wenzel Jaksch an der Spitze, hatten ihre Hilfsorganisationen gleich nach dem Münchner Abkommen aufgebaut. Nach meiner Ankunft in London erkannte ich recht bald die dringende Notwendigkeit, zusammen mit einigen Freunden eine ähnliche Organisation ins Leben zu rufen, um die größtmögliche Anzahl von Juden aus der Tschechoslowakei nach England herauszuschleusen und jenen unter die Arme zu greifen, die sich noch im letzten Augenblick in Sicherheit bringen konnten. Frau Sieff zählte zu den ersten, die bereit waren, uns zur Seite zu stehen.

Sie beschloß, daß wir damit beginnen müßten, Jan Masaryk aufzusuchen. Nicht nur weil Jan zu ihren besten Freunden gehörte. Obwohl er zu jener Zeit, im April 1939, in London eigentlich keinen offiziell anerkannten Status mehr hatte, beließen ihn die Engländer stillschweigend weiterhin in der Londoner Botschaft. Man sprach schon damals von der bevorstehenden Gründung einer Exilregierung unter Beneš. Auch wenn sein Status als Botschafter fraglich geworden war, fand sich sogar das Kabinett Chamberlain noch bereit, Jan Masaryk als *den* Mann zu betrachten, ohne dessen Wissen und Zustimmung nichts, was irgendwie mit den tschechoslowakischen Angelegenheiten zusammenhing, beschlossen werden sollte.

Ich erinnere mich, daß bei meinem ersten Besuch in der Botschaft am Grosvenor Place mein Blick an den vergoldeten Engelchen im Rokokostil haften blieb. Sie zierten das Geländer im Treppenhaus, in dem wir zu Masaryks Büro hinaufgehen mußten. Nicht etwa, weil diese Putti besonders anmutig oder gelungen gewesen wären, sondern weil auf jedem Lockenköpfchen ein aus alten Zeitungen gefalteter Napoleonhut prangte. „Sehen Sie, das ist ganz Jan", bemerkte Frau Sieff. „Ich wette, der hat jedem Engel den Tschako selber aufgesetzt. So vertreibt er sich die Sorgen. Niemand kann das besser als er."

Wahrscheinlich lächelte ich noch, als wir Masaryks Arbeitszimmer betraten, denn das erste, was er sagte, nachdem Frau Sieff mich vorgestellt hatte, war:

„Becky, du hast schon manchen Juden hergebracht, aber dieser da ist anders. Der schmunzelt ja. Einem Juden zu begegnen, der nicht aufgehört hat, zu lächeln, tut heutzutage ausgesprochen wohl. *Keep smiling*, mein Freund. Das ist wichtiger als alles andere."

Ich trug ihm vor, was ich auf dem Herzen hatte und machte einige Vorschläge. Er nickte, meinte aber schließlich:

„Gut. Doch müssen wir mehr tun."

Und schon setzte er mir seine eigenen Vorschläge und Vorstellungen auseinander, die mir selber nicht eingefallen waren oder die zur Sprache zu bringen ich nicht gewagt hatte. Und nach dem Muster dieses ersten Gesprächs sollten sich in den darauffolgenden unvergeßlichen neun Jahren noch manche unserer Unterredungen abwickeln.

Es ist kaum verwunderlich, daß Tausende von Menschen in aller Herren Länder meinten und auch heute noch meinen, zu Masaryks engstem Freundeskreis gehört zu haben, denn selten begegnete ein Mensch seinen Zeitgenossen mit so viel Liebenswürdigkeit. Sein offenes Lächeln überzeugte spätestens innerhalb von zehn Minuten jeden davon, in ihm einen Freund fürs Leben gefunden zu haben. Wer ihn aufsuchte, wurde freundlich empfangen. Masaryk tat sein Bestes, um ihn mit einem Scherzwort oder einer Anekdote aufzumuntern, sprach mit größtem Verständnis verschiedene Lösungen für seine Sorgen mit ihm durch... Beim Abschied hatte der Besucher das überwältigende Gefühl, im Hause eines alten Freundes gewesen zu sein, eines Freundes auf den immer Verlaß ist. Doch kannte ich Jan Masaryk viel zu lange und viel zu gut, um nicht zu wissen, daß nur ganz wenige Menschen das Vorrecht seiner wirklich innigen Freundschaft genossen. Ich gehörte nicht zu jenen Auserwählten. Ich konnte mich glücklich schätzen, daß ich während der letzten Jahre seines ereignisreichen Lebens in seiner Nähe und mit ihm arbeiten durfte. In jenen Jahren brachte mich meine Tätigkeit zeitweilig fast täglich mit Masaryk zusammen. Dann wieder sah ich ihn nur ab und zu einmal, wie viele andere meiner Kollegen im tschechoslowakischen Außenministerium. Und dennoch glaube ich mit einigem Recht annehmen zu können, daß unsere Beziehungen anders geartet waren, als es zwischen einem Minister und dem Großteil seiner zahlreichen Untergebenen üblich ist, ohne freilich deshalb behaupten zu wollen, daß uns eine enge Freundschaft verbunden hätte. Ich glaube zu wissen, warum er mir besonderes Vertrauen entgegenbrachte und viele Dinge mit mir offener besprach, als er es vielleicht mit anderen tat. Wie er selbst, gehörte auch ich keiner politischen Partei an. Zudem war ich Jude. Und Masaryk hatte für Juden im allgemeinen und für Zionisten im besonderen schon immer eine Schwäche gehabt. Er war mit meinen schriftstellerischen Arbeiten vertraut, noch bevor er mir einen Posten in seinem Ministerium anbot und zeigte mir gegenüber von Anfang an nicht jenes Mißtrauen, das er Berufsdiplomaten entgegenbrachte. Es war mir gelungen, eine gewisse Unabhängigkeit zu bewahren, die mir erlaubte, zu diesem oder jenem Beschluß, den zu fassen er eben im Begriff war, meine Meinung und auch meine Vorbehalte, wenn ich welche hatte, unverblümt auszusprechen. Vielleicht ein weiterer Grund, mir zu trauen. Denn nichts verabscheute Masaryk so sehr, wie liebedienerische, rückgratlose Jasager, wie man sie unter den Bürokraten aller Völker nur allzuoft antrifft.

So entstand dieses Buch. Jan Masaryks Persönlichkeit, die Eigenart seines Denkens, seine selten klare, nahezu volkstümliche Ausdrucksweise faszinierten mich so sehr, daß ich bald nach unserer ersten Begegnung manches der Gespräche, solange es mir noch frisch im Gedächtnis war, Wort für Wort niederschrieb. Zwar führte ich kein Tagebuch, doch hatte ich mitunter auch vorher Unterredungen mit Menschen, die mich beeindruckt hatten, aufgezeichnet. Als ich zehn Jahre nach meiner ersten Flucht Prag zum zweiten Mal, diesmal für immer, verlassen sollte, gelang es mir, diese Niederschriften in Sicherheit zu bringen. Ursprünglich hatte ich sie *tale quale* veröffentlichen wollen, so, wie ich sie eben nach den Gesprächen mit Masaryk aufgezeichnet hatte. Als ich sie aber wieder durchlas, wurde mir klar, daß ich mein Vorhaben würde überdenken müssen. Einige der Gespräche hatten wegen der zeitgebundenen Anlässe ihre Bedeutung verloren oder waren schlichtweg uninteressant geworden. Die größeren zeitlichen Abstände zwischen ihnen führten zur Wiederholung mancher Äußerungen. Dadurch aber wäre die Wirkung der Gedanken Masaryks auf den Leser erheblich beeinträchtigt worden. Zudem pflegte er sich zuweilen nicht eben puritanischer Ausdrücke zu bedienen... So beschloß ich schweren Herzens (dabei respektierte ich auch den Wunsch von Masaryks Schwester Alice), die Aufzeichnungen zu überarbeiten, sie thematisch zu ordnen und auch Streichungen vorzunehmen.

Schweren Herzens, sage ich, denn ich bin überzeugt, daß das Bild Jan Masaryks ohne diese Passagen entschieden an Schärfe und Farbe verliert. Was könnte zum Beispiel Masaryks Abscheu vor Konventionen besser veranschaulichen, als die Geschichte von der englischen Lady, die ihn auf ihr Landschlößchen eingeladen hatte. Bevor sie ihn zum Diner in den Speisesaal bat, stellte sie ihm die übliche Frage, ob er sich nicht vielleicht die Hände waschen wolle. Masaryks Antwort schockierte regelrecht seine Gastgeberin. Er wies auf eine riesige alte Eiche im Garten und versicherte mit einer höflichen Verbeugung: „Danke, ich habe sie soeben dort, hinter jenem Baum gewaschen."

Jan war wohl der aufrichtigste Mensch, den ich je gekannt habe. Seine Unverblümtheit verursachte in der Unterhaltung mit vielen seiner Gesprächspartner oft recht peinliches Schweigen. Doch konnte er einfach nicht anders. Er mußte mitunter Dinge aussprechen, die vielleicht auch den meisten auf der Zunge lagen, aber ohne ihn wohl ungesagt geblieben wären.

In diesem Zusammenhang erinnere ich mich eines anderen bezeichnenden Vorfalls: Anläßlich der Pariser Friedenskonferenz im Jahre 1946, wo über den Frieden mit Deutschlands Verbündeten verhandelt wurde, veranstaltete die britische Delegation in den Räumen ihrer Botschaft einen großen Ball. Alles war bis ins Detail geradezu vorbildlich vorbereitet, denn Lady Diana Duff-Cooper wollte sich die Gelegenheit nicht entgehen lassen vor Ablauf ihres Aufenthalts in Paris ihrem Ruf als unübertroffene Gastgeberin gerecht zu werden. Eines konnte Lady Diana nicht voraussehen und planen: das Wetter. Ganz plötzlich schlug es um und auf einen verhältnismäßig warmen Herbsttag folgte eine bitterkalte Nacht. Wir zitterten alle vor Kälte, aber niemand hätte es zugegeben. Masaryk stellte mich Sir Oliver Harvey, Mitglied der britischen Delegation und designiertem Botschafter in Paris, vor. Dann wandte er sich an Lady Harvey und ich hörte ihn mit der unschuldigsten Stimme bemerken: „Ich hoffe, Madame, Sie haben Ihre wollene Unterhose an."

Oder seine Parabel vom goldenen Mittelweg. Masaryk war ein überzeugter Demokrat. Kompromißbereitschaft galt in seinen Augen als unabdingbare Grundhaltung eines Demokraten. Kompromisse müßten jedoch konstruktiv sein, keineswegs, wie er sich auszudrücken pflegte, „nicht gesalzen, nicht geschmalzen". Um zu verdeutlichen, was er unter einem nicht konstruktiven Kompromiß verstand, erzählte er oft die Geschichte vom Bauern und dem goldenen Mittelweg.

Der Nachbar hatte seinen Jungen mit der Bitte zu ihm geschickt, ihm doch das Pferd zu leihen. „Ich hab's mir durch den Kopf gehen lassen", sagte der Bauer „und hab' mir gesagt, leih' ich ihm das Pferd, so reitet er mir's zuschanden. Leih' ich's ihm nicht, wird er mir nachsagen, ich sei ein Geizhals. Nun hab' ich mir überlegt: am besten, du wählst den goldenen Mittelweg. Und so hab' ich dem Buben gesagt: 'Weißt was, Franzl? Geh nach Haus und bestell deinem Vater, er soll mich am Arsch lecken!' "

Nach dem Krieg bestand Masaryk darauf, ich solle den Presse- und Informationsdienst in der Londoner Botschaft übernehmen. Zwar war mir völlig klar, daß mich keine eben beneidenswerte Aufgabe erwartete, da man manchen recht unpopulären Schritt der neuen Regierung wie die Vertreibung der Sudetendeutschen, die Verstaatlichung der Industrieunternehmen, einschließlich jener mit britischer Kapitalbeteiligung vertreten mußte. Dennoch willigte ich ein. Bevor ich meine neue Arbeit übernahm, holte ich mir bei Masaryk Rat. Er hat mir damals vieles gesagt, was sich später als äußerst nützlich erweisen sollte. Unter anderem riet er mir, die Engländer nicht zu oft an München zu erinnern.

„Ist es Ihnen jemals passiert", fragte er, „daß Sie auf dem Klo sitzen, sich einzuschließen vergessen haben und die Tür plötzlich geöffnet wird? Das war 1938 die Lage der Engländer. Sie würden sich vermutlich auch nicht sonderlich wohl fühlen, sollte man Sie immer wieder an ein solches Erlebnis erinnern."

Im Laufe der Zeit hat er mir unzählige Vorträge in angewandter Psychologie gehalten und es beinahe nie versäumt, sie mit ähnlichen Anekdoten und Parabeln zu veranschaulichen. Leider sah ich mich gezwungen, den Großteil aus den schon erwähnten Gründen nicht in dieses Buch aufzunehmen. Doch auch diese wenigen Kostproben werden dem Leser wohl begreiflich machen, warum ich nur schweren Herzens so vorgegangen bin.

Eines Tages — es ergab sich ganz unerwartet während eines Gesprächs — schlug ich Jan Masaryk vor, ein Buch über ihn zu schreiben, in der Art, wie Karel Čapek eines über

Tomáš G. Masaryk geschrieben hatte. Ich war übrigens nicht der einzige, der mit diesem Gedanken spielte. Obwohl Jan es nicht zugab, schien es mir, als mißfalle ihm der Vorschlag ganz und gar nicht. Er bemerkte nur, es sei vielleicht noch verfrüht, man solle damit erst beginnen, wenn er sich einen Bart wachsen lassen und der Kakteenzucht widmen werde. Es war ihm nicht vergönnt, diese Zeit zu erleben. So blieb es auch mir versagt, dieses Buch nach Čapeks Methode zu schreiben. Čapek hatte nämlich das seltene Privileg genossen, daß Tomáš Garrigue Masaryk sein Manuskript immer wieder durchgelesen, abgeändert und ergänzt hatte. Ich mußte mich hingegen ausschließlich auf meine Aufzeichnungen und stellenweise allein auf mein Gedächtnis stützen.

Nein, der Mensch, über den ich hier schreibe, kann mich nicht mehr zur Verantwortung ziehen, und Zyniker sehen wohl eben darin meinen Vorteil. Dagegen kann ich mich natürlich schlecht wehren, ich kann ihnen nur die Versicherung geben, daß mir meine Aufgabe um ein vieles leichter gefallen wäre, wenn Jan noch unter uns weilte.

Ich habe Jan Masaryks Rundfunkreden aus seiner Londoner Zeit redigiert und als Buch herausgebracht. Aufgrund dieser Erfahrung glaube ich recht genau zu wissen, was er aus der Menge von Aufzeichnungen über unsere Gespräche hervorgestrichen und was er weggelassen hätte. Freilich stand mir noch ein anderer Weg, jener der zusammenhängenden chronologischen Erzählung offen. Doch von Masaryk konnte ich das Einverständnis nicht mehr einholen. Und so schien es mir für eine wirklichkeitsnahe Wiedergabe geboten, zumindest an wichtigeren Stellen den Zeitabstand zwischen mehreren Gesprächen zum gleichen Thema anzudeuten. Manchmal fand ich es auch angebracht, Zeitpunkt, Anlaß und Umstände einer Unterredung zu präzisieren.

Der Leser wird bald feststellen können, daß Masaryks politische Gedankengänge den weitaus größten Teil dieses Buches ausmachen. Demokratie, Freiheit, Kommunismus, die Beziehungen zwischen großen und kleinen Staaten – das waren die Themen, die in unseren Gesprächen am häufigsten wiederkehrten. Kein Wunder, wenn man bedenkt, daß die meisten Unterredungen am Rande der täglichen politischen Tätigkeit zustandekamen. Hätte er mein Buch lesen können, bevor es in Druck ging, so hätte er mit Sicherheit vorgeschlagen, auch auf Fragen außerhalb der Politik, zu denen er so manches zu sagen hatte, näher einzugehen. Wir sprachen oft über Musik, Literatur und Dichtung, über das Leben an der Seite seines bedeutenden Vaters, über Kinder, über Prag und viele andere Dinge, die mit Politik nur wenig Berührung hatten. Doch hier klafften in meinen Aufzeichnungen bedauerliche Lücken, die ich mit Hilfe von Bekannten wettzumachen bemüht war. Da ich wußte, daß einige von ihnen, die mit Jan befreundet waren, sich mit ihm eher über unpolitische Dinge unterhalten hatten, bat ich sie um ihre Unterstützung und so verdanke ich ihnen vieles in den Kapiteln, die sich mit nicht-politischen Themen befassen.

Was Masaryks Sprache angeht, so wird sie den Leser dieses Buches oft genug an Rabelais erinnern, auch wenn ich, wie schon gesagt, so manches auszuklammern beschlossen habe. All jene, denen das Glück beschieden war, Jan Masaryk persönlich gekannt zu haben, wissen, daß seine Sprache tatsächlich diese Prägung aufwies. Sie wissen aber auch, daß kaum jemand an der Unverblümtheit seiner Ausdrücke Anstoß nehmen konnte. Er griff ganz einfach auf dieselbe Redeweise zurück, ganz gleich, ob er mit einem König oder mit einem Straßenkehrer sprach. Erwiesenermaßen fand der König sogar Gefallen an seiner Ausdrucksweise. Es ist allgemein bekannt, daß Masaryks Audienzen im Buckingham Palace sich oft dermaßen in die Länge zogen, daß sie für die Zeremonienmeister, die für die Einhaltung des Stundenplans Seiner Majestät zuständig waren, zum wahren Alptraum wurden. Die einfachen Leute mochten ihn wegen seiner direkten Ausdrucksweise um so mehr. Im Grunde genommen war Jans Sprache die allermenschlichste, die man sich vorstellen kann. Sollten ihn Bedenken oder Einwände befallen, wird der Leser — so hoffe ich wenigstens — doch eben gerade diesen menschlichen Ton, die menschliche Wärme und Ursprünglichkeit heraushören.

Es gibt aber auch vieles, was in einem solchen Buch kaum an den Leser herangetragen werden kann. Wie ließe sich zum Beispiel ein Eindruck von Jan Masaryks Stimme vermitteln? Diese liebenswürdige, weiche Stimme, in der stets ein Lächeln mitzuschwingen schien, in der es nie Anzeichen von innerer Erregung oder Zorn gab, diese fröhliche und zugleich ausgeglichene, weise Stimme, in der ich oft etwas entdeckte, was ich nur als „unpathetisches Pathos" umschreiben kann. Es war diese Stimme, die Masaryk zu einem denkbar erfolgreichen Rundfunkredner machte. Und sie war es auch, die so vielen Menschen das Gefühl vermittelte, sie sprächen mit einem alten Freund.

Dieses Buch versucht, Jan Masaryk so zu zeigen, wie er in seinem Arbeitszimmer oder am Konferenztisch wirkte. Um aber das Bild abzurunden, müßte man sich ihn beispielsweise am Klavier vorstellen — wie seine Hände anfangs improvisierend über die Tasten gleiten, bis er sich für eines der vielen Volkslieder entscheidet, die er so sehr geliebt hat, dieses in immer neuen Variationen spielt und dann überraschend mit einer einfachen, natürlichen, in keiner Weise affektierten, aber vielleicht eben deswegen so schön und warm klingenden Stimme zu singen beginnt. Oder Jan mit aufgekrempelten Hemdsärmeln und umgebundener Schürze beim Zubereiten des Abendessens, oder wie er mit den Kindern spricht, wie er vor seinem Hund über ganz ernste Dinge doziert... Und in wie vielen anderen Lebenslagen, die ich nie vergessen werde. Mein Bild muß notgedrungen unvollständig bleiben. Doch Jan Masaryks Persönlichkeit strahlte eine solche geballte Kraft aus, daß sie jeden Augenblick seines Lebens ausfüllte und prägte.

Ich weiß nicht, ob es mir gelungen ist, diese Eigentümlichkeit seines Wesens dem Leser nahezubringen. Ein Vorfall könnte sie vielleicht um ein weiteres verdeutlichen. Ich erinnere mich an den Tag, an dem Masaryk meinen ältesten Sohn zum erstenmal sah. Der Kleine war etwa ein Jahr alt, als meine Frau mich einmal im Ministerium aufsuchte und ihn mitbrachte. Ich war ein sehr stolzer Vater, wie Väter gewöhnlich sind, wenn ihr erster Sprößling in diesem Alter ist, ging mit ihm von Tür zu Tür und kam auch zum Kabinett des Ministers, dann auch zu Masaryks Arbeitszimmer. Ich werde diesen Augenblick nie vergessen. Masaryk schob einen Stapel Akten und Briefe beiseite, hob den Jungen auf den Schoß, gab ihm Brille, Bleistift, Füllhalter und alles Greifbare, womit er hätte spielen können, mobilisierte drei Sekretärinnen, hieß sie, eine Orange, eine Tafel Schokolade und ähnliches für das Kind auftreiben, erlaubte dem Kleinen alle Knöpfe der Hausanschlüsse zu drücken und ließ es auch ruhig geschehen, daß mein Sohn für eine kleine Weile tatsächlich das ganze Auswärtige Amt in Panik versetzte. Das gesamte Sekretariat war zusammengelaufen, um sich die unvergeßliche Szene anzusehen, wie Masaryk mit meinem Sohn spielte. Der Kanzleichef, sonst ein guter Freund, meinte bissig, es sei kaum zu glauben, daß gerade ich der Vater eines so schönen Kindes sei. Worauf Masaryk − wie des öfteren − eine Prophezeiung in Jiddisch zum Besten gab, die sich übrigens nicht erfüllen sollte:

„Wird scho' kimmen. Auch aus ihm wird a mieser Jid."

Unterdessen meldete man ihm die Ankunft des Botschafters einer alliierten Macht. „Laßt ihn nur warten", bestimmte Masaryk. „Der hier ist ein viel interessanterer Gast und auch ein wichtigerer."

Das war − zumindest für mich − Jan Masaryk wie er leibte und lebte. Ein Mann, der stets dem Leben und der Menschenliebe den Vorzug vor Politik und Staatsmännern gab. Ein Mann, dessen Geduld unerschöpflich war. Ein Mann, der Kinder liebte, selbst aber nie Kinder gehabt hat. Ein Mann, der in einem Scherz Zuflucht suchte, wenn er seine Gefühle verbergen wollte.

Bloß ein Vorfall unter vielen. Ich könnte unzählige ähnliche Begebenheiten hinzufügen. Andere Bekannte haben ihn sicherlich noch heute in anderen Szenen und Situationen in Erinnerung und alle hätten sie vermutlich genauso gut als Beispiel getaugt. Er gibt bloß Aufschluß über Jan Masaryks ganze Persönlichkeit.

Nach der Erläuterung aller Unzulänglichkeiten, deren er sich vollauf bewußt ist, gibt der Autor hier also Jan Masaryks Gedanken zu Fragen von allgemein menschlichem Interesse wieder. Er hat den Versuch in der Überzeugung gewagt, daß diese Gedanken es verdienen, allenthalben von Menschen guten Willens gelesen zu werden. Sie bieten vielleicht nichts umwerfendes, nichts revolutionäres, möglicherweise auch nicht überraschend viel neues, doch stammen sie von einem Menschen, dessen Gemüt sich ein Leben lang die kristallene Reinheit des Kinderherzens bewahrt hatte; von einem Mann, der sich nie die Frage gestellt hat: „Bin ich meines Bruders Hüter?" sondern uns alle als seine Brüder betrachtet und uns als solche alle geliebt hat.

Über die Freiheit

Es ist gewiß kein Zufall, daß schon meine erste Aufzeichnung der Gespräche mit Jan Masaryk Ansichten zum Thema Freiheit enthält. Sie entstand während meines ersten Besuches in Masaryks Wohnung in Kensington. Bis dahin hatten wir uns immer nur in der Botschaft getroffen und obgleich Masaryk niemals unzugänglich war, gab er sich in seiner Wohnung noch um einiges gelöster. Wir saßen am Kamin, nahmen ab und zu einen Schluck Whisky, und so ergab es sich fast von selbst, daß wir auf England zu sprechen kamen. Anfangs drehte sich das Gespräch um die damalige politische Lage, doch wandten wir uns bald den Grundideen zu, aus denen England sich entwickelt hat.

„Das ist ein glückliches Land", sagte Masaryk, „ein überaus glückliches Land. Hier können Sie auf die Straße gehen und rufen: 'Chamberlain ist ein Hornochse!' Niemand wird Ihnen Beachtung schenken. Zum großen Teil werden Ihnen die Leute sogar zustimmen. Einige werden auch nicht einverstanden sein, doch niemandem wird es einfallen, Ihr Recht anzuzweifeln, zu sagen, was Sie denken. Hier, lieber Freund, können Sie den Premierminister öffentlich auffordern, Sie am Arsch zu lecken. Im schlimmsten Fall wird ein Polizist auf Sie zukommen und Sie höflich ersuchen: 'Hören Sie bitte auf, vom Arsch zu sprechen, denn es sind kleine Kinder in der Nähe'. In Rußland sieht das ganz anders aus."

Von jenem Gespräch an erscheint das Thema mit großer Regelmäßigkeit in der Niederschrift meiner Gespräche mit Jan Masaryk. So meinte er einmal:

„Ich habe die Orthodoxie nie verstanden. Nehmen wir zum Beispiel die Katholiken. Der Papst ist angeblich unfehlbar. Bitte sehr, wenn jemand glaubt, daß dem so ist, will ich ihm diesen Glauben beileibe nicht nehmen. Ich überlege manchmal nur, daß der Papst einst auch ein kleiner Junge war und mit Bauklötzchen und Murmeln gespielt hat wie ich. Dann wuchs er zum jungen Mann heran und machte wahrscheinlich dieselben Fehler wie wir. Es will mir nicht einleuchten, daß jemand mit einem Schlag aufhören sollte, wie ein Mensch zu leben, *ergo* aufhören, zu irren. Kurz und gut, ich habe so meine Zweifel an dieser Unfehlbarkeit und bin der Ansicht, daß ich das Recht habe meine Meinung darüber zu äußern. Das bedeutet aber, bitte sehr, nicht, daß ich zum Prager Erzbischof gehen und ihm nahelegen würde: 'Wollen Eure Eminenz zur Kenntnis nehmen, daß mir dieses Märchen von der Unfehlbarkeit gar nicht geheuer scheint und ich Ihnen folglich ab heute Nachmittag verbiete, an etwas zu glauben, woran ich nicht glauben kann'! Das ist jedoch genau das, was die Orthodoxen tun. Erinnern Sie sich an die Inquisition, denken Sie an Hus. 'Glaubst du nicht, woran du glauben sollst – auf den Scheiterhaufen mit dir!' Wohl ist die katholische Kirche jetzt etwas aus der Mode gekommen, dafür haben wir aber eine neue Orthodoxie: den Marxismus. 'Glaubst du nicht an seine Unfehlbarkeit? Ab nach Sibirien! Es wäre besser, du überlegtest dir das noch einmal, und zwar möglichst rasch, Genosse.' Die große Schwierigkeit mit allen Orthodoxen liegt darin, daß sie niemanden dulden, der nicht an sie glaubt. Und darin liegt auch die Schwierigkeit, die ich mit ihnen habe. Ich bin sanftmütig wie ein Lamm. Will mir aber jemand vorschreiben, daß ich von nun an nicht mehr 'bah-bah', sondern 'buh-buh' zu machen habe, beginne ich um mich zu schlagen."

„Dieses England hat etwas Großes an sich", sagte er mir ein anderes Mal. „Menschen, die im Verhältnis zu dir geradezu als Antipoden wirken, die ein Leben lang mit dir gestritten und die Klinge gekreuzt haben, weil sie auf etwas anderes eingeschworen sind, werden sich wie Besessene für dich ins Zeug legen, sollte sich jemand erdreisten, dir verbieten zu wollen, an das zu glauben, woran du wirklich glaubst. Das ist eine große Sache. In England werden sie niemals einen Diktator haben."

Und bei einem anderen Anlaß:

„Ich mag keine Menschen, die den Mund zu voll nehmen, die mit den Begriffen 'Freiheit' und 'Recht' um sich werfen, aber zu Hause den Despoten herauskehren. Zum Teufel, wozu all das Gerede über die Freiheit, wenn einer seine Frau anbrüllt und seine Sekretärin tyrannisiert? Freiheit im Alltag, darauf kommt es an. Die Totalitären rauben nicht nur den Völkern die politische Selbständigkeit. Das Schlimmste ist, daß sie die Menschen um ihre konkrete, persönliche Freiheit bringen. Selbst atmen darf man nur auf ihr Kommando: eins — einatmen, zwei — ausatmen. Gefallen dir Luft oder Tempo nicht, so hilft man dir nach, bis du gar nicht mehr atmest."

„Wissen Sie", bemerkte er ein anderes Mal, „zu seinem Glück braucht der Mensch eigentlich gar nicht viel. Er will ein Zuhause, ein Butterbrot, dann und wann ein Glas Bier, eine Frau, die er gern hat und die ihn gern hat, Kinder, eine Arbeit, die er liebt und die nützlich und sinnvoll ist, und Gesundheit. Das ist alles. Ich hätte bei meinem Klavier bleiben oder, sagen wir, in Detroit Feuerwehrmann werden sollen. Der Mensch muß es nicht unbedingt zum Außenminister bringen, um glücklich zu sein. Doch was er unbedingt braucht, ist die Freiheit. Er möchte frei atmen. Er ist unglücklich, wenn er geknechtet wird, wenn er seinen Garten nicht bestellen kann, wie er selbst will, wenn man ihm befiehlt, Möhren zu pflanzen, wo er sich gerade auf Kohlrüben gefreut hatte, wenn er seine Kinder nicht so erziehen kann, wie er es für richtig hält, wenn jemand mit dem Rohrstock — oder mit der Kanone — hinter ihm steht und ihn auf Schritt und Tritt überwacht. Ich habe meine Zweifel, daß totalitäre Systeme den materiellen Lebensstandard verbessern können. Aber selbst wenn sie es zuwege brächten, daß jeder ein eigenes Schwimmbecken und einen eigenen Hubschrauber besäße, würden sie die Menschen nicht glücklich machen. Nicht so lange sie ihnen die Freiheit vorenthalten."

Im April 1946 flog ich mit Masaryk von London nach Prag. Wir saßen in der Privatmaschine des damaligen Verteidigungsministers Ludvík Svoboda und unterhielten uns ganze vier Stunden — so lange dauerte der Flug — über die unterschiedlichsten Themen, vor allem aber über die innenpolitische Situation in der Tschechoslowakei. Und wieder finde ich in der Niederschrift dieses Gesprächs einige Gedanken über die Freiheit.

„Wie wollen Sie", fragte plötzlich Masaryk, „ein Volk ohne Freiheitstradition erziehen? Wir Tschechen sind eine unglückliche Nation. Urvater Čech — Gott sei seiner Seele gnädig — war ein Ochse. Es gibt so viele wunderschöne Gegenden auf dieser Welt, er aber mußte ausgerechnet dort Wurzeln schlagen, wo er es getan hat und uns zwischen die Deutschen und die Russen hinpflanzen. Ein Ochse. Ich finde kein treffenderes Wort. Wie sollen wir nun unsere Freiheit behaupten? Erst waren es die Habsburger — und Gott weiß, daß uns diese drei Jahrhunderte unter ihrer Fuchtel das Rückgrat nicht unwesentlich verbogen haben. Dann endlich die Freiheit. Nach kaum zwanzig Jahren kommt jedoch Hitler. Und jetzt, wo der Krieg noch nicht richtig vorbei ist, sieht es wieder aus, als sollte uns anstelle der wahren Freiheit (tschechisch *svoboda*, wie der Name des damaligen Verteidigungsministers und späteren Präsidenten der Republik) nur der General vergönnt sein, in dessen Flugzeug wir eben fliegen. Unter uns gesagt, auch der taugt nicht viel."

Immer wieder kehrte er in unseren Gesprächen zum Thema Freiheit zurück. Nichts schien ihn häufiger und intensiver zu beschäftigen. Nachdem er aus Moskau zurückgekehrt war, wo er sich Stalins kategorisches Verbot hatte anhören müssen, den Marshall-Plan in Anspruch zu nehmen, beschäftigte er sich wieder vor allem mit der Freiheit:

„*Vapros druschby* — eine Frage der Freundschaft. So hat Stalin es uns serviert. Er hätte uns genausogut vor die Wahl stellen können, entweder ihr tanzt, wie ich pfeife, oder ihr kriegt meinen Bizeps zu spüren. Was hätte ich tun sollen? Ihm ins Gesicht schleudern: Schönen Dank für eine solche *druschba*? Vielleicht wäre es das Richtige gewesen. Doch dachte ich in jenem Augenblick an unsere Menschen. Eigentlich bin ich nicht besonders sentimental, wenn ich aber an unser ganzes Volk denke, wissen Sie, an die Unscheinbaren, die am Obstmarkt Pflaumen feilbieten, an Taxifahrer und Eisenbahner, an all die Kinder, die im Teich planschen... herrliche Menschen, die ich liebe. Bei Gott, sie haben Besseres verdient!"

An die Freiheit dachte Masaryk auch, als wir über das Prager Nachkriegsparlament sprachen:

„Wenn ich mir all das so von der Regierungsbank her ansehe, wird mir richtig schlecht. Wie brav sie die Händchen heben. Ich hätte nicht übel Lust aufzuspringen und den ersten, der auch nur die geringsten Anzeichen selbständigen Denkens verraten würde, einfach zu umarmen. Da gibt es aber keinen zu umarmen. Sooft ich hingehe, überkommt mich eine grenzenlose Traurigkeit. Was ist das, ein Parlament ohne Opposition? Besten Dank für ein solches Parlament! Ich schätzte mich glücklich, wenn ich auf dem Korridor auch nur einem Menschen sagen könnte: 'Bruder, ich stimme mit dir zwar nicht überein, du bist aber wenigstens ein freier Mann und Gott segne dich dafür, daß du dich auch dementsprechend verhältst'. Bloß frage ich mich, zu wem soll ich denn da gehen?"

„Es gibt Menschen, die behaupten, ein totalitäres Regime rechtfertige sich dadurch, daß es den Lebensstandard der Mehrheit anhebt. Mir will das nicht einleuchten. Ich kann mir nicht helfen, aber was mich angeht, mir wäre als Briefträger in Manchester mit vier Pfund die Woche unvergleichlich wohler, als wenn ich als General in Madrid oder als Mitglied des Obersten Sowjet mit Tausenden von Rubeln und einer Datscha leben sollte. Glauben Sie mir, mein Freund, mir ist es im Leben eigentlich niemals regelrecht schlecht gegangen, aber es war mir immer klar, daß Wohlstand nicht alles bedeutet. Natürlich ist es überaus wichtig, von materiellen Sorgen verschont zu sein. Aber welche Freude kann Ihnen eine goldene Badewanne bieten, wenn Sie im Badezimmer nicht einmal nach Herzenslust singen können, weil Sie fürchten müssen, man könnte Ihnen vielleicht in die Dusche ein Abhörgerät praktiziert haben?"

„Ich versuche, niemanden zu kränken und so ziehe ich es vor, unseren Kommunisten nicht zu widersprechen, wenn sie sich rühmen, sie hätten dies oder jenes für das Wohl der Arbeiter getan. Einiges getan haben sie freilich. Vermutlich hätten wir es aber, wenngleich etwas später, auch ohne ihre Hilfe zuwege gebracht. Dabei muß ich immer wieder an die ganze Freiheit denken, die dafür geopfert worden ist. Darin besteht der grundlegende Unterschied zwischen mir und den

Kommunisten. Auf dieser Welt besitzt der Mensch meiner Überzeugung nach nichts wertvolleres als die Freiheit seiner unsterblichen Seele; sie dagegen glauben nicht an die Seele."

„In mir kam keine Angst auf, als man unsere Kinder während der Okkupation gezwungen hat, 'Mein Kampf' zu lesen. Genauso wenig zögere ich, ihnen 'Das Kapital' und Lenins Werke in die Hand zu drücken. Ich vertrage es aber nicht, wenn man ihnen gleichzeitig befiehlt, was sie lesen müssen und andere Bücher einfach verbietet, wenn man ihnen untersagt, selbständig zu denken, wenn man ihnen die Freiheit nimmt, die Wahrheit selbst zu suchen."

„Ein großer Kenner der Geschichte war ich nie. Das Heute hat mich immer weitaus mehr interessiert als das Gestern und es lag mir schon immer mehr daran, etwas über František Houžvička, den Rauchfangkehrer aus Dobruška zu erfahren, als beispielsweise über die Babenberger. Eines habe ich aber dennoch aus der Geschichte gelernt: Die Französische Revolution hat für den kleinen Mann den Weg zur Freiheit erschlossen, andererseits nicht weniger für Napoleon und seinen Imperialismus. Dieser Kampf hat den Unterdrückten die Freiheit gebracht, barg aber zugleich den Keim eines neuen Imperialismus in sich. Ich hätte für mein Leben gern gewußt, warum die Menschen nicht frei bleiben können. Wie kommt es, daß all jene, die für die Freiheit eingetreten sind, unmittelbar nach ihrem Sieg gleich selber anfangen, andere zu unterdrücken?"

Und noch ein Gedankengang zum Thema Freiheit:

„Ich erinnere mich, daß die Führer der Agrarier zu Lebzeiten meines Vaters nicht müde wurden, immer wieder bei ihm vorzusprechen und ihm dreimal täglich, anstelle der drei Mahlzeiten die Idee vorzusetzen, man solle doch die kommunistische Partei durch Gesetzeskraft verbieten. Vater sträubte sich mit aller Entschiedenheit dagegen. Einmal fragte er mich, was ich denn von diesen Versuchen unserer Staatsmänner halte, sich der Opposition auf dem einfachsten Wege zu entledigen. Darauf entgegnete ich, es sei uns bei unseren Fußballspielen in der Jugend nie eingefallen, den Schiedsrichter zu veranlassen, doch alle elf Gegenspieler vom Feld zu weisen. Einen Platzverweis konnte er nur den

Spielern erteilen, die gegen die Fairneß verstoßen hatten. Heute bin ich nun gar nicht mehr so sicher, daß die Kommunisten jemals die Regeln der Fairneß tatsächlich eingehalten haben. Sie haben sich nämlich stets geweigert, für beide Seiten dieselben Regeln gelten zu lassen. Heute haben sie uns schon zu viele Tore geschossen und ich sehe leider weit und breit keinen Schiedsrichter, der es wagen würde, einen Strafstoß zu verhängen."

„Ich denke manchmal, es war ein verhängnisvoller Irrtum, das Reden über die Freiheit den Dichtern und den salbungsvollen Volkstribunen zu überlassen. Sie würden es vielleicht nicht vermuten, aber ich habe für Dichtung sehr viel übrig. Zwar zählt sie nicht unbedingt zu meiner täglichen Lektüre, doch könnte ich mir mein Leben ohne ein Paar Gedichtbände, ohne einige Verse, zu denen ich immer wieder zurückkehre, kaum vorstellen. Nun pflegen Dichter die Dinge meist nicht eben scharf zu definieren, und die Redner auf den Volksversammlungen, die mir entschieden weniger zusagen als die Dichter, nehmen es mit Definitionen auch nicht so genau. Über die Freiheit hätten wir die Lehrer reden lassen sollen. In der Schule müßte man den Kindern die Freiheit erläutern und sie ihnen beibringen. Regelrecht wissenschaftlich, so wie man sie Schreiben und Rechnen lehrt. Und dieser Unterricht hätte sogar ein Pflichtfach sein müssen, ein unerläßliches, Tag für Tag. Es wäre unsere Aufgabe gewesen, ihnen verständlich zu machen, daß Freiheit weitaus mehr bedeutet als ein schönes Wort. Wir hätten den Unterschied zwischen Freiheit und Anarchie hervorheben und klarstellen sollen, daß Freiheit stets mit Disziplin einhergehen muß, daß jeder zwar tun und lassen kann, was er will, dabei aber dem Nachbarn nicht auf die Hühneraugen treten darf."

Die Einsicht, daß die Menschen zur Freiheit erzogen werden müssen, hatte bei ihm tiefe Wurzeln. In meinen Aufzeichnungen zum Jahresende 1947, also wenige Wochen vor dem kommunistischen Staatsstreich, kam Masaryk auf das Thema zurück.

„Erinnern Sie sich noch? Ich sagte Ihnen einmal, die Wissenschaft über die Freiheit sollte in die Schulbücher aufgenommen werden. Mitunter glaube ich, es wäre gar nicht so verfehlt, wenn man jeden dazu anhielte, sich einmal darin unterweisen zu lassen, was das Gegenteil von Freiheit ist. Uns hat man die Lektion gründlich eingebleut, ja wir haben sogar das Schuljahr einige Male wiederholen müssen. Tatsächlich sind wir wohl so lange auf der hohen Schule der Unfreiheit gehalten worden, daß sich unsere Leute vermutlich beinahe daran gewöhnt haben. Aber ein Schnellkurs, freilich weniger intensiv als der, den wir durchgemacht haben, käme vielen sehr zustatten. Wenn die Amerikaner und Engländer zum Beispiel ein ganz kurzes Fernseminar im Fach Unfreiheit besucht hätten, wäre kein Mensch in Amerika auf den Gedanken gekommen, das Wort 'Isolationismus' in den Mund zu nehmen und die Engländer wären nicht so unvorbereitet gewesen wie im Jahre 1939, als sie nur über zwei Kanonen im British Museum verfügten. Da geh' ich jede Wette ein. Wahrscheinlich wüßten sie dann auch ihre Schrebergärten besser zu schätzen. Nein, mit den Menschen hat man es wirklich nicht leicht. Sie lernen nur dann etwas zu würdigen, wenn sie es für eine Weile verloren haben. Das gilt für die Freiheit genauso wie für viele andere Dinge. Solange die Frau kocht, wäscht, Socken stopft, ist alles selbstverständlich. Doch wenn der Arzt sie zwingt, das Bett zu hüten, werden mit einem Schlag all die tausend kleinen Opfer sichtbar, die jahrelang unbemerkt geblieben sind. Und mit der Freiheit verhält es sich nicht anders. Solange niemand hinter dir steht und dir mit einem Browning im Rücken befiehlt, was du zu schreiben, zu sagen und zu lehren hast, wird dir gar nicht bewußt, wie wundervoll es ist, das schreiben, sagen und lehren zu können, was du für richtig erachtest."

Über den Kommunismus

Freiheit, Demokratie, Kommunismus — das waren wohl die Themen, die in unseren Gesprächen am häufigsten wiederkehrten. Oft überschnitten sie sich, und schon aus den bisher vorgelegten Zitaten geht mit hinreichender Deutlichkeit hervor, daß Masaryks Gedanken über die Freiheit mit seinen Ansichten über Demokratie und den Vorstellungen vom Kommunismus untrennbar miteinander verbunden waren.

Das erste Gespräch mit Jan Masaryk über den Kommunismus fand zu Beginn des Zweiten Weltkrieges, nach Abschluß des Molotow-Ribbentrop-Paktes statt, als Moskau den Kommunisten aus aller Welt den Standpunkt aufzwang, dieser Krieg sei eine imperialistische Auseinandersetzung zwischen zwei verfeindeten kapitalistischen Machtblöcken, an der die Kommunisten sich keineswegs zu beteiligen hätten. Damals sagte mir Jan Masaryk:

„Vergessen Sie nie, daß der Kommunismus aus zehn Prozent Ideologie und neunzig Prozent Taktik besteht. Kommunisten und Jesuiten haben so manches gemeinsam. Sie glauben aufs Haar genau das gleiche, daß alle Mittel heilig sind, wenn sie nur ihren Zwecken dienen. Sehen Sie nur", fuhr er fort, „bevor die Russen den Pakt mit Hitler unterschrieben, waren unsere Kommunisten nicht zu halten. Jetzt wollen sie uns plötzlich Schwierigkeiten machen. Daß es sich angeblich um einen imperialistischen Krieg handelt und daß sie nicht für die City-Engländer bluten wollen... Stellen Sie sich das vor: Zu Hause schießt Hitler auf unsere Kinder; in Kladno knallen die Gestapo-Leute jeden Zehnten in der Reihe nieder; in den Škoda-Werken bringen sie vier Arbeiter vor den Augen der anderen einfach um. Ist das ein imperialistischer Krieg? Soll ich das Frau Šimáček und Frau Adamec klarmachen? Ich bitte Sie, die Mutter eines dieser Kinder war kommunistische Funktionärin in Žižkov. Den Jungen haben sie umgebracht, weil er gerufen hatte: 'Es lebe die Freiheit!' Da kommen nun die Kommunisten und wollen mich an einen imperialistischen Krieg glauben machen. Frage ich sie nun, was ich ihrer Meinung nach tun sollte, so trösten sie mich und sagen, die Rote Armee werde uns schließlich erlösen. Soll sie uns doch von mir aus erlösen! Unterdessen aber mordet Hitler weiter in meinem Land und ich habe keine Zeit zu warten!"

„Wenn ich sage, daß im Kommunismus nur zehn Prozent Ideologie enthalten sind, so ist auch das noch übertrieben. Denn gut die Hälfte dieser zehn Prozent ist nichts anderes als der alte zaristische Imperialismus in neuem Gewand. Es gehört eben zu diesen neunzig Prozent Taktik, wenn die Russen Schlagworte gegen den Imperialismus auszuschlachten verstehen, um die Aufmerksamkeit vom eigenen Imperialismus abzulenken. Sie haben es geschafft, Massen von Menschen davon zu überzeugen, daß sie sich kleinen Völkern gegenüber vorbildlich verhalten. Und das tun sie auch, bei Gott! Wenn Sie wollen, können Sie meinetwegen astrachanisch sprechen und auch noch die Nationaltracht dazu tragen. Aber den Hut müssen Sie russisch lüften. Sonst vergessen Sie bald, daß Sie überhaupt einer bestimmten Nation angehören. Denken Sie zum Beispiel an die Finnen. Ich kann mir gut vorstellen, daß die Russen aus bestimmten Gründen etwas von Finnland haben wollten. Doch dürfen Sie nicht versuchen, mir einzureden, sie hätten Finnland überfallen müssen, weil die Finnen Petersburg besetzen wollten. Das ist für mich starker Tobak. Auf Wienerisch gesagt, 'dös kost' mi' a Lacher'. Wir wissen doch, daß dreimal fünfzehn nicht neunzehn ist. Ebensowenig kann mir jemand einreden, daß drei Millionen Finnen 150 Millionen Russen bedrohen könnten. Die Russen hätten es erheblich schwerer, wenn die Menschen ihren Verstand und das Einmaleins ein wenig mehr anwendeten. Dreimal fünfzehn ist fünfundvierzig. So haben wir es zumindest in der Schule gelernt und ich glaube, das gilt auch heute noch."

Ein anderes Mal, mitten im Krieg, debattierten wir über das Problem, welches Regime in der Tschechoslowakei nach Kriegsende errichtet werden könnte.

„Ich will", sagte Masaryk, „daß unsere Leute sich das System selbst aussuchen. Wenn sie sich für den Kommunismus entscheiden, so sollen sie ihn haben. Aber einen tschechischen Kommunismus. Ich würde in diesem Fall nicht nach Hause zurückkehren. Sie würden mich wahrscheinlich ins Jenseits befördern und, so dick wie ich bin, gäbe ich keine schöne Leiche ab. Aber bitte, sollten sie nach dem Krieg den Weg des Kommunismus einschlagen, so müssen sie das nach ihrer Art tun können, auf tschechisch also. Da soll nicht irgend jemand aus Aserbeidschan daherkommen und uns sagen, wie wir zu regieren und wie wir in den Kolbenwerken Autos herzustellen haben. Das nicht!"

„Menschen, die meinen, sie seien nur da, um Geld zu verdienen, habe ich niemals gemocht", sagte er bei einer anderen Gelegenheit. „In Amerika finde ich viele Dinge gut, aber ich habe es immer gehaßt, wie die Menschen dort bloß danach eingeschätzt werden, wieviel sie verdienen. Der Bursche da ist 5 000 Dollar im Jahr wert, jener sogar 10 000. Ich hatte an Geld nie ein besonders großes Interesse. Wenn es für Brot und Butter ausreichte, so gab ich alles übrige immer jemandem, der weniger verdiente und den ich für besser hielt als mich selbst. So kann also kaum jemand von mir sagen, ich sei ein Kapitalist. Ich stimme auch mit den Sozialisten darin überein, daß keiner das Recht hat, den anderen auszubeuten. Aber ich glaube so fest an den Menschen und an seinen gesunden Verstand, daß ich überzeugt bin, alle Übel unserer heutigen Gesellschaftsordnung lassen sich ohne Revolution, ohne Tränen und Blut aus der Welt schaffen. Vor allem aber glaube ich nicht, daß es Sinn hat, ein Übel einfach durch ein anderes zu ersetzen. Wenn es schon Unterdrücker und Unterdrückte geben soll, so ist es mir ziemlich gleichgültig, wer wen unterdrückt. In der Praxis, mein Lieber, ist der Kommunismus nichts anderes als das alte Spiel mit verkehrten Rollen. Besten Dank, aber nicht das ist es, was ich will. Möglicherweise ist es recht heilsam, wenn ein Kohlebaron für eine Weile in den Schacht einfährt und Kohle fördert. Vielleicht ließen sich auch ein paar Kumpel finden, die eine Grube leiten könnten. Sobald aber die neuen Herren beginnen, die früheren Besitzer auszubeuten, sind diese in meinen Augen eben die Schwächeren. Folglich werde ich ihnen helfen und mich für sie einsetzen, genauso wie ich heute für die Bergleute eintrete. Ich bin gegen Rohlinge und Unterdrücker aller Kirchen und Couleurs, insbesondere bin ich aber dagegen, für eine Sache Blut zu vergießen, die sich auch anders erreichen läßt.''

,,Wenn es überhaupt ein Paradies gibt, ist es wahrscheinlich klassenlos, obwohl es auch im Himmel Engel und Erzengel geben soll. Nun sind aber die Menschen eben keine Engel und die Mitglieder des Politbüros entschieden keine Erzengel. Ich bin für eine klassenlose Gesellschaft, die jedem bietet, was er braucht. Bloß kann man aus einem Kind nicht über Nacht einen alten Weisen machen. Die Menschen müssen allmählich reifer werden. Sie können nicht, wenn sie erst gestern zwölf Jahre alt waren, morgen schon sechzig sein. Ich weiß, daß man durch eine Revolution all das heute schon erreichen kann, was alle rechtschaffenen Menschen der Welt sich für morgen erträumen. Läßt man aber die Dinge nicht auf natürlichem Wege wachsen und ausreifen, läuft man Gefahr, saure Äpfel zu ernten, in denen dann auch noch der Wurm steckt.''

,,Zu Čapeks 'Insektenleben' hätte im Grunde genommen eine Fortsetzung gehört, denn es geht ja mit dem Krieg der Ameisen gar nicht zu Ende. Der Führer der Roten Ameisen, denen es gelungen ist, die Schwarzen zu besiegen, verwandelt sich eigentlich bloß in eine Schlupfwespe, die alle Entmachteten tötet. Er wird demnach zu diesem Insekt, das wachsende Kotkügelchen vor sich herrollt, bloß besteht das Kapital, das sie vor sich herwälzen, nicht aus Kot sondern aus Macht, was weitaus schlimmer ist.''

,,Die Kommunisten streben eine klassenlose Gesellschaft an. Wunderbar! Sind sie aber einmal an der Macht — und Gott möge ihnen die Methoden verzeihen, deren sie sich bedienen —, ist ihr erster Schritt eine neue privilegierte Klasse zu schaffen, eine neue Aristokratie, mit all den widerwärtigen Eigenschaften neureicher Parvenüs. Ich kann mir nicht helfen, aber mir wird speiübel, wenn ich einen Mann sehe, der gestern noch ein anständiger Arbeiter war, und jetzt, wie ein Affe im Frack, all das tut, was er so lange völlig zu recht verabscheut hat. Solche Menschen können einem wirklich leid tun. Manche von ihnen, nicht alle, waren doch ziemlich brave Leute. Dann sind sie Minister geworden und Direktoren und allerlei Würdenträger und Gott weiß, was noch und sind auch gleich darangegangen, ihre Ehefrauen wie Weihnachtsbäume herauszuputzen. Man muß sich eben recht wichtig tun. So ersetzt man schnellstens die Gipspfeife durch möglichst dicke Zigarren, erweitert den Kreis der Damenbekanntschaften um einige Schauspielerinnen und sucht den Nachbarn mit einem noch größeren, noch protzigeren Wagen zu übertrumpfen. Und noch immer meint man, nicht wichtig genug zu erscheinen. Folglich muß noch mehr Macht her. Und noch mehr... Und wenn man den anderen zu nahe tritt? Dann läßt man sie die Macht fühlen, indem man ihnen die Tür weist, sie ins Arbeitslager, ins KZ oder ins Gefängnis steckt. Sollte es ihnen auch dann noch nicht klargeworden sein, wie wichtig man ist, so liquidiert man sie einfach. Je größer die Zahl der Liquidierten, um so wichtiger der Mann, der sie liquidiert hat. Anstelle einer klassenlosen Gesellschaft hat man dann letzten Endes einen klassenlosen Friedhof."

„Nicht die kleinste Prise Demut, Mitleid oder Verständnis für den Menschen steckt in ihnen. Was soll man mit solchen Leuten anfangen? Glauben Sie mir, ich tue mein Bestes. Manchmal meine ich sogar, den einen oder anderen davon überzeugt zu haben, daß man seinen Mitmenschen Geduld, Verständnis und Mitgefühl entgegenbringen sollte. Dann gibt aber die allmächtige Partei ihre Parole aus, und schon sind sie keine Menschen mehr, sondern wieder disziplinierte Parteigänger, die — wenn die Partei es nur befiehlt — auch die eigene Mutter ans Messer liefern."

„Mein Vater war ein Philosoph. Er wandte sich gegen jeden Materialismus. 'Du magst dich vollstopfen', pflegte er zu sagen, 'aber was dann?' Ein Philosoph bin ich sicherlich nicht, doch habe ich entschieden etwas gegen jeden, der glaubt, Logik und Verstand seien alles. Das Ungemach mit den Kommunisten rührt ja daher, daß für sie die Psychologie nur insoweit existiert, wie sie es für ihre Taktik als nützlich erachten. Mit der Seele haben sie sonst nicht viel im Sinn."

„Selbst wenn ich alles schlucken könnte, was Marx und Engels, Lenin und Stalin und all die anderen roten Päpste und Kardinäle zusammengeschrieben haben, müßten sie mich noch immer nach Sibirien verfrachten oder bei der ersten Säuberung liquidieren. Es wäre mir nämlich unmöglich, die Methoden hinzunehmen, derer sich die Kommunisten bedienen — und vermutlich bedienen müssen —, um all das durchzuführen. Wieder und wieder stelle ich mir die Frage, lohnt denn der Preis? War es für all die Tausenden und Millionen unglücklicher Menschen wirklich zu empfehlen? War es die geraubte Freiheit wert? Sie müßten mich wirklich aufknüpfen, denn mich zu überzeugen, das wäre zu schwierig für sie."

War es den Preis wert? Masaryk hat sich diese Frage später oft gestellt. Vor dem kommunistischen Umsturz im Februar 1948 kamen wir noch dazu, einige Gespräche zu führen, in denen er sich erneut über den Kommunismus äußerte. Bei einer solchen Gelegenheit machte er zum Beispiel unter anderem folgende Bemerkung:

„Ich habe unlängst eine Karl-Marx-Biographie gelesen. Der Mann war gewiß kein Durchschnittsmensch und zweifellos ritt ihn eine große Idee. Einer dieser jüdischen Grübler, die von einer Vision besessen sind. Es ist aber unglaublich, wie ihn sein Leben eigentlich Tag für Tag Lügen gestraft hat. Er nannte sich einen Materialisten und reduzierte das Leben in seiner Darstellung auf den Kampf um ein Stückchen Brot. Um sein eigenes Brot kümmerte er sich jedoch kaum und hat auch keinen Finger gerührt, um es sich zu sichern. In Wirklichkeit arbeitete und lebte dieser Materialist nur für eine Idee. Er steckte bis zum Hals in Schulden, seine arme Frau litt wie eine Heilige, seine Kinder mußten hungern, ja, es gab Zeiten, wo sie morgens nicht wußten, unter welchem Dach sie übernachten würden. Ein seltsamer Materialist, meinen Sie nicht auch? Und welch ein Nationalökonom, der sich in seinem eigenen Haushalt nicht zu helfen wußte! Da war Engels von einem völlig anderen Zuschnitt, mein Lieber. Bloß war er eben ein reicher Fabrikant, der unbemittelte Arbeiter anstellte und, nach seiner eigenen Theorie, eigentlich ausbeutete. Doch wäre Marx samt Familie ohne seine Hilfe wohl vor die Hunde gegangen, bevor er noch das erste Kapitel des 'Kapitals' zu Ende geschrieben hätte."

Ein anderes Mal wieder gab er mir folgendes zu bedenken:

„Manchmal frage ich mich, ob Marx, wenn er heute noch lebte, nicht selber auch sein Dasein in Sibirien vollenden würde. Bei den Kommunisten sind nämlich Theorie und Praxis zwei ganz verschiedene Hüte, wie man auf gut tschechisch sagt, so weit voneinander entfernt wie der Himmel vom Dudelsack. Und oft stehen sie zueinander wie Tag und Nacht. Wie Sie wissen, bringe ich der Kirche in Rom nicht sonderlich viel Liebe entgegen. Ich bin nämlich der Ansicht, sie haben dort die herrliche Idee Jesu verpfuscht und verhunzt. Dennoch hat Jesus auch im schlimmsten Papst einen unvergleichlich näheren und getreueren Jünger, als Marx ihn jemals unter den Kardinälen im Kreml finden könnte. Bitte, ich erhebe keinen Anspruch darauf, in Sachen Marxismus als großer Fachmann zu gelten, doch kann ich mir gar nicht vorstellen, daß der Urheber dieses Gedankens, der als Gedanke sicherlich seine Größe hat, die Möglichkeit eines Konzentrationslagers, der gewaltsamen Besetzung fremder Länder oder des Niedermetzelns tausender unschuldiger Menschen jemals auch nur in Betracht gezogen hat. Ich bin vielmehr überzeugt, daß Marx im Grunde genommen ein rechtschaffener Mensch war. Vielleicht ein etwas komischer Kauz, aber gewiß kein unmoralisches Scheusal. Nun, ich schätze, er hätte gut die Hälfte aller Heldentaten, die seine Jünger und Nachfolger auf dem Gewissen haben, nicht hingenommen. Ich wette, er hätte nicht schweigen können. Das ist nun einmal so. Ich kenne auch ein paar anständige Kommunisten. Wenn ich ihnen erkläre, dieses oder jenes sei eine Schweinerei, so geben sie zu, daß sie auch nicht über alles hochbeglückt seien, behaupten aber, es handele sich eben um ein notwendiges Übel. Doch sagen sie mir das nur privat. In der Partei und in der Öffentlichkeit schweigen sie mucksmäuschenstill und unterzeichnen alles mit beiden Händen. Ich bezweifle, daß Marx zu diesem Menschenschlag gehört hat. Ich denke vielmehr, er hätte sich aufgerappelt und ein neues Buch geschrieben. Wäre es ihm wider Erwarten gelungen, es herauszubringen, so wäre er mit Sicherheit gleich am nächsten Tag in Sibirien gelandet, und wenn nicht, bestenfalls Präsident der Akademie oder eines anderen ruhmbedeckten Altenheims geworden.''

Und ein anderes Mal zog er Bilanz:
„Ein guter Kommunist kann man nur dann sein, wenn man nichts anderes kennt. So wie man ein Theaterstück von Kornejtschuk nur dann applaudieren kann, wenn man noch nie eine Aufführung der Stücke von Ibsen oder Čapek gesehen hat. Und bewahre Sie Gott davor, daß Sie etwas anderes sehen, als Sie sollen. Es könnten nämlich Zweifel auftreten, also genau das, was einem Kommunisten niemals zustoßen darf. Deshalb müssen sie ja auch gegen alle möglichen schädlichen Einflüsse abgeschirmt werden. Es ist oft behauptet worden, die russische Isolation sei eine Folge der russenfeindlichen Haltung der Alliierten nach dem Ersten Weltkrieg. Sie wissen ja, worauf ich mich beziehe, *cordon sanitaire* und all die anderen Albernheiten. Das ist eine große Lüge, mein Freund, eine unverfrorene, miserable Lüge. Das sollte jemand, der nicht gerade Außenminister eines kleinen Nachbarstaates der Sowjetunion ist, endlich einmal der Welt gründlich klarmachen. Eben die Russen waren es, die das Tor verriegelt und sich hinter ihrer Chinesischen Mauer verkrochen haben. Einfach aus Angst. Sie befürchteten, ihre junge Generation könnte leicht an jenen Dingen Gefallen finden, die ihr allen Vorschriften entsprechend ja gar nicht gefallen dürfen. So haben sie der Jugend Scheuklappen angelegt und ihr von morgens bis abends und von spät bis früh eingeblasen, Marx sei Allah und Stalin sein Prophet und alles, was aus dem Westen komme, sei verderbt.''

„Einmal sprach ich mit einem unserer ehemaligen Kommunisten, einem hervorragenden Architekten, der sich einige Jahre in Rußland aufgehalten hatte. Zweifellos durch und durch ein Intellektueller. Er meinte, wir hätten nicht die blasseste Ahnung, wie sehr diese Art von Isolation und die einseitige Propaganda letztlich jeden, der dort lebt, prägen können. Bevor er nach Prag zurückkehrte, war er in Paris gewesen. Es hatte einen ganzen Monat gedauert, bis er wieder zur Besinnung gekommen war und sich Rechenschaft geben konnte, daß alles, was man ihm in Moskau eingetrichtert hatte, eine grobe Lüge war. Drei Jahre lang hatte man ihm dort eingeredet, die französische Literatur sei tot, alle Pariser Theater, mit Ausnahme der Nacktrevuen, seien längst geschlossen worden und... nun ja, der Himmel weiß was noch alles. Dabei darf man nicht vergessen, daß er ein hochintelligenter Mann war. Aber er hat ihnen geglaubt. Als ihm dann klar wurde, wie die Dinge standen, hängte er die Partei an den Nagel. Doch wenn es ihnen gelungen ist, einen so klugen Menschen mit einem solch eklatanten Unsinn zu übertölpeln, was kann man wohl von jungen Russen erwarten, die im Leben nie etwas anderes gesehen haben und die spätestens als ABC-Schützen einer ersten 'Behandlung' mit diesem unglaublichen Schwachsinn unterzogen werden. Hier liegt die Wurzel allen Übels. Sie haben die Grenzen dichtgemacht, sie wie Einweckgläser hermetisch geschlossen und nach Kräften vermieden, daß ihre Leute je dahinterkommen wie furchtbar man sie immer schon zum Narren gehalten hat. Bis zum heutigen Tag beruhen alle kommunistischen Erfolge ausschließlich darauf."

„Als der erste russische Soldat die deutsche Grenze überschritten hatte", sagte mir Masaryk eines Tages, „freute ich mich aus zwei Gründen: Erstens, weil ich wußte, die Russen würden die Nazis nicht eben mit Handschuhen anfassen, und zweitens, weil ich dachte, zum ersten Mal seit der Oktoberrevolution habe der Russe die Möglichkeit, sich die Dinge selbst anzusehen und festzustellen, wie viele Kröten ihm der Kreml aufgetischt hat, die er auch brav schlucken mußte. Jedes WC, jedes Badezimmer, jedes Kurzwellenradio, jede Kuckucksuhr muß eine ungeheure Entdeckung gewesen sein. Jahrelang hat man diesen Menschen weismachen wollen, der russische Arbeiter und Bauer genieße den höchsten Lebensstandard der Welt. Und jetzt sahen sie die nackte Wahrheit. Das, mein Lieber, ist außerordentlich wichtig. Sie haben zwar in Prag und Wien und Budapest einen unbeschreiblichen Vandalismus bewiesen, mit all den Perserteppichen, die sie als Satteldecken benutzten, mit den zu Kleinholz gemachten und verheizten Biedermeier-Möbeln, aber ich denke, es war doch zu etwas gut. Nichts fällt nämlich so schwer ins Gewicht wie die Gelegenheit, sich mit eigenen

Augen von der Wahrheit zu überzeugen. Da hat sich diesen Menschen, die vorher wie unter Hypnose gelebt hatten, eine solche Gelegenheit aufgetan. Mit ihrer Rückkehr nach Hause bescherten diese Soldaten dem Kreml manche harte Nuß zu knacken — das ist ja bekannt. Freilich ist Rußland ein riesiges Land, und es war nicht schwer vorauszusehen, daß alle, die aus Europa zurückkommen, weiter nach Osten verfrachtet würden, daß man sie also zum Teufel jagen würde, damit sie mit ihren Erzählungen über das Gesehene keinen zu großen Schaden anrichten. Gewiß, vielen ist der Mund ein für allemal mit Erde gestopft worden. Etwas blieb dennoch übrig und dieses Etwas könnte eines Tages ungemein bedeutungsvoll werden. Mitunter bin ich versucht, meinem Vater, der überzeugt war, die Wahrheit setze sich letzten Endes doch durch, recht zu geben."

Aus zahlreichen Äußerungen Jan Masaryks in den Gesprächen, die wir nach Kriegsende führten, schließe ich, daß er im Grunde genommen die ganze Zeit das befürchtet hatte, was dann im Februar 1948 tatsächlich eintrat. Keine zwei Monate vor dem kommunistischen Putsch teilte er mir seine Befürchtungen ganz unverhohlen mit. Er sagte damals:

„Gott weiß, daß wir uns aus Leibeskräften bemühen, unser demokratisches Flämmchen am Leben zu erhalten, es vor dem Verlöschen zu bewahren. Zwar blasen wir in den Herd, doch wird unser Atem immer kürzer. Wir sollten das, was in Ungarn geschieht, etwas aufmerksamer verfolgen. Die stecken nämlich schon im Dreck, und bevor wir selber auch hineinplumpsen, täten wir gut daran, uns alles näher anzusehen, die Dinge eingehend zu prüfen und uns auf sie einzustellen. Es graut mir vor dem Tag, an dem mein Alptraum Wirklichkeit werden könnte. Unsere Demokraten verhalten sich immer noch wie Mondsüchtige. Niemand bedeutet den Leuten, was sie erwartet. Noch immer wollen wir es nicht wahrhaben, daß es mit uns im Argen liegt wie noch nie. Und ich kann nicht hingehen und den Leuten reinen Wein einschenken. Sie könnten auf den Gedanken kommen, ich hätte die Flinte ins Korn geworfen und sei unter die Defätisten gegangen, was durchaus nicht zutrifft. Bloß bin ich von einer Tatsache ganz fest überzeugt: Sollten die Russen uns morgen besetzen, wird kein Mensch Moskau den Krieg erklären, einzig und allein weil Peroutka nicht mehr das schreiben kann, was er gerne möchte. Und so beobachte ich auf das genaueste, was Genosse Rákosi macht, um zu wissen, was Genosse Gottwald tun wird, sobald er aus Moskau grünes Licht erhält. Ein sehr trauriges Lehrstück, mein Lieber. Könnte man sich den ganzen Unfug vom Mond ansehen... Nun, er böte sicherlich einen äußerst spannenden Anblick. Leider spiele ich Klavier und nicht Harfe und gäbe folglich keinen richtigen 'Mann im Mond' ab. Der einzige Schluß, der mich nach dieser Durchsicht einigermaßen optimistisch stimmt, besteht darin, daß die Kommunisten haargenau die gleichen Fehler begehen wie die Kapitalisten. Sie hauen daneben, freilich auf ihre Art. Sie konzentrieren immer mehr Macht in immer weniger Händen und werden sich letztlich gegenseitig verschlingen. Das Schlimme ist nur, daß, bevor sie sich gegenseitig auffressen, viele kleine und unschuldige Leute ihrer Freßgier zum Opfer fallen müssen. Möglicherweise zähle ich auch noch zu diesen Opfern. Ich hätte lieber in London bleiben und in Soho eine kleine Kneipe für Verliebte eröffnen sollen. Verraten Sie mich nicht, aber ich tauge wahrscheinlich viel besser zum Koch als zum Außenminister. Doch geht es letzten Endes nicht um mich. Ein Unglück, daß unsere Landsleute, die wahrhaftig keine Schuld trifft, die Zeche bezahlen werden. Sie tun mir schrecklich leid, denn sie haben es nicht verdient."

Es war unser letztes Gespräch über den Kommunismus, bevor die Kommunisten die Macht an sich rissen. Nach dem Februar-Umsturz wurde Masaryk ein anderer Mensch, ein Wesen voller Ängste, voller Unsicherheit. Er, der stets eine offene Sprache geführt hatte, legte jetzt mit einem Mal jedes Wort auf die Goldwaage. Andauernd wandte er sich um, als fürchtete er, belauscht zu werden. Er begann jeden zu verdächtigen, weil er spürte, daß er sich von nun an auf niemanden mehr ganz verlassen konnte. Ich hätte es durchaus verstanden, wenn er auch mir sein Vertrauen entzogen hätte. Doch kam ich dann eines Tages und überreichte ihm einen Bericht, um den er mich kurz vorher gebeten hatte. Ich traf ihn an der Tür, er war eben im Begriff hinauszugehen. Als wir im Aufzug allein waren, sagte er plötzlich:

„Ich wußte, es würde schlimm werden, aber es ist noch viel schlimmer als ich befürchtet hatte. Die Hölle könnte nicht schrecklicher sein."

Wie in allen anderen Dingen ließ sich Jan Masaryk auch in seiner Einstellung zum Kommunismus und zu den Kommunisten niemals von Haß leiten. Die Idee selbst verwarf er nicht und lehnte auch nicht die soziale Ordnung des Kommunismus ab. Was er mit aller Entschiedenheit verneinte, wogegen er sich mit Empörung wandte und wogegen er kämpfte, waren Gewalt, Unfreiheit, Lüge und Mißachtung der Unsterblichkeit der Seele. Vor allem deswegen verabscheute er den Kommunismus.

Ján Masaryk war kein guter Hasser. Selbst in seinen Feinden und Gegnern sah er letztlich Menschen. Und auch ihnen und ihrem irrsinnigen Verhalten brachte er eher Mitleid als Haß entgegen.

Zur Demokratie

„Die Demokratie?" fragte mich Masaryk gleich am Anfang unserer Zusammenarbeit. „Wissen Sie, worum es da eigentlich geht? Denkbar einfach. Ich bin Herr Novák und Sie sind Herr Smith. Wir tragen verschiedene Namen, die Betonung fällt aber auf das Wort 'Herr'. Sie sind also *Herr* Smith, und ich bin *Herr* Novák, eine Tatsache, die wir beide anerkannt haben. Wir sind folglich gleich und können nun beginnen, über Streitfragen zu diskutieren. Sie glauben, ein Gegenstand sei weiß, ich bin überzeugt, er sei schwarz. Nun gibt es eine begrenzte Anzahl von Möglichkeiten, in dieser Auseinandersetzung eine Lösung zu finden. Ich kann Sie zum Beispiel k.o. schlagen, weil ich um einen Kopf höher bin, und ab heute werden wir beide dann sagen, der Gegenstand sei schwarz und basta. Doch das wäre keine Demokratie. Ich kann mich aber auch bemühen, Sie davon zu überzeugen, daß ich recht habe, und Sie können natürlich das gleiche versuchen. Das ist dann eine demokratische Methode. Gelingt es einem von uns, den anderen für seine Überzeugung zu gewinnen, allerdings ohne ihm den Kopf einzuschlagen, dann besteht freilich kein Problem mehr. Viel wahrscheinlicher ist aber, daß keiner von uns dieses Wunder vollbringt. Dann bieten sich wiederum zwei Möglichkeiten. Entweder wir stimmen darin überein, die Entscheidung einem Dritten zu überlassen und verpflichten uns, diese anzunehmen, oder wir schließen einen Kompromiß und vereinbaren, daß der Gegenstand weder weiß, noch schwarz, sondern grau ist. Denkbar einfach! Elementar, um den Lieblingsausdruck Sherlock Holmes' zu gebrauchen. In Wirklichkeit freilich läßt sich das leider nicht immer so leicht klären. In der Politik bietet sich nämlich eine weitaus reichere Palette von

Zwischenfarben — und manche lassen sich mit den anderen überhaupt nicht mischen. Das habe ich unseren Politikern immer wieder klarzumachen versucht. Willst du also ein erfolgreicher führender Politiker werden? Dann, mein Lieber, darfst du nicht farbenblind sein und mußt lernen, mit größtem Feingefühl Farbnuancen zu mischen."

Bei einer anderen Begegnung griff er denselben Gedanken mit anderen Worten wieder auf:

„Ideale Demokratie heißt, für alle Ansichten einen gemeinsamen Nenner zu suchen. Damit die gewünschte Lösung erreicht wird, darf man jedoch keine der vorgegebenen Zahlen übersehen. Deswegen habe ich mich immer dagegen gesträubt, die Kommunisten fernzuhalten. Solange es Menschen gibt, die im Kommunismus ein Allheilmittel gegen jedes Übel der Welt sehen, muß man sie auf der Suche nach dem gemeinsamen Nenner einbeziehen. Andererseits bedeutet Demokratie natürlich auch Gleichheit, und diese setzt voraus, daß alle dieselben Spielregeln beachten. Und nicht nur das. Wie unterschiedlich die Mittel des politischen Kampfes auch sein mögen, sie müssen sich stets im Rahmen des Anstands bewegen. Ein Umstand, dem verschiedene politische Parteien, die es sehr übelnähmen, wenn man ihnen die demokratische Gesinnung abspräche, nur höchst ungern Rechnung tragen."

„Selbstverständlich ist ‚Demokratie‘, genau besehen, auch nur ein Begriff wie jeder andere, wie Freundschaft, Frühstück, Kino oder Hausschuhe. Es zählt allein, was dahintersteckt. Manche Begriffe, mein Freund, lassen sich beliebig dehnen, wie Gummi. ‚Demokratie‘ gehört leider zu diesen Begriffen. So werden Sie kaum jemanden finden, der nicht von sich behaupten würde, Demokrat zu sein. Die Russen sprechen im Namen der Demokratie, genauso wie die Ruhrmagnaten die Demokratie im Munde geführt haben. Wem werden Sie also Glauben schenken? Jeder soll gleiche Chancen erhalten, alle sollen gleich behandelt werden. Das Ergebnis nennt sich Sozialdemokratie. Spielen Sie aber den Begriff wie einen Ball dem Stürmer der gegnerischen Elf direkt zu — egal, ob es sich um einen linken oder einen rechten Stürmer handelt —, dürfen Sie nicht entrüstet sein, wenn der Ball schließlich in Ihrem eigenen Tor landet."

„Ja, mein Lieber, Demokratie ist vor allem eine Frage der Erziehung. Stellen Sie sich folgendes vor: auf der einen Seite Menschen, denen noch gestern ein Diener sogar die Zahnpaste auf die Bürste gedrückt und ein anderer das Frühstücksei geköpft hat, und auf der anderen Seite Menschen, die eben noch ihren Vorgesetzten die Stiefel leckten und vor jedem, der hundert Kronen auf der Bank hatte, nicht genug katzbuckeln konnten. Und plötzlich sagt man allen: 'So, Leute, ab morgen sind wir alle Demokraten!' Das braucht seine Zeit. Ich kenne Menschen, aus denen niemand jemals gute Demokraten machen wird. Für manche ist es einfach zu spät. Doch sie werden aussterben. Und ihre Kinder, die können wir vielleicht für die Demokratie noch retten. Heute früh habe ich mit einem Ihrer ehrenwerten Kollegen hier, im Ministerium, telefoniert. Ein hoher Beamter, wohlgemerkt. Er wußte nicht, wer am anderen Ende der Leitung war. Und so stellte er sich an wie ein Angler, den man gerade stört, wenn ein Fisch angebissen hat. Sie hätten bloß hören sollen, wie sich sein Tonfall plötzlich änderte, als ich ihn wissen ließ, mit wem er die Ehre hatte. Für eine Weile erweckte er den Eindruck, als wollte er mich gegen Hagel versichern oder mir einen Staubsauger verkaufen. Ich konnte förmlich heraushören, wie tief die Verbeugung war, die er vor mir machte. Er wird wohl mit der Nase den Fußboden gewischt haben. Was soll man mit solchen Menschen anfangen? Andererseits muß man in Betracht ziehen, daß sein Vater und dessen Vater und der Großvater seines Großvaters sich ein Leben lang vor jedem, der aus Wien kam, sehr, sehr tief verbeugen mußten. Die Nachfahren dieser Leute genießen nun zwar alle Bürgerrechte, ihr Rückgrat aber ist immer noch stark verformt. Doch geht es vor allem um ihre Kinder. Und für sie können wir noch vieles tun.“

„Ich erinnere mich, es war vor dem Krieg, da fuhr ich einmal mit der Straßenbahn, dem denkbar demokratischsten unter den Verkehrsmitteln. Der Fahrgast neben mir, ein Eisenbahner oder Dreher aus der Kolbenfabrik, zog aus seiner linken Tasche 'Rudé Právo', las die Zeitung und ließ ihr dann aus der rechten Tasche 'České Slovo' folgen. Als er mit beiden Blättern fertig war, wandte er sich zu mir und meinte, in beiden werde leeres Stroh gedroschen. Dann setzte er mir auseinander, wie die Dinge seiner Meinung nach tatsächlich angepackt werden müßten. Das ist Demokratie! Jedem zuhören, der etwas zu sagen hat und erst dann die eigene Meinung vorbringen. Dazu sind allerdings zwei Kleinigkeiten unerläßlich. Zunächst muß man die Möglichkeit haben, beide Parteien anzuhören, und dann muß man auch sagen dürfen, was man denkt. Welcher Unfug, die Kinder so zu verformen, bis sie schließlich gar nicht mehr begreifen können, daß jedes Ding zwei Seiten hat, bis sie nicht mehr imstande sind, selbständig zu denken, weil für sie alle Fragen durch Befehle von oben gelöst werden."

Die nachfolgenden Äußerungen stammen vom Herbst 1947, als viele nichtkommunistische Politiker in der Tschechoslowakei noch der Ansicht waren, das Nachkriegsregime werde sich problemlos halten können. Damals sagte mir Masaryk:

„Unsere Leute sind sich darüber nicht im klaren, welche furchtbare Krise die Demokratie zur Zeit durchmacht. Menschen, die sich Demokraten nennen, die aus Überzeugung jede Form von Diktatur ablehnen, greifen selbst auf undemokratische Methoden zurück. Manchmal erinnern mich unsere demokratischen Parteien stark an jenen Artillerie-Korporal, der eine Kanone kaufen und sich selbständig machen wollte. Anstatt einander artig bei den Händen zu fassen und Ringelreihen zu spielen, kämpft jede Partei im Freistil nur für sich selbst. Unsere demokratischen Parteien zeigen zu wenig Sinn für Kompromisse. Ihre Philosophie lautet: 'Entweder tust du, was ich sage, oder du kannst mich mal! Denn ich tue sowieso, was ich für richtig halte, auch ohne dich.' Und das nennen sie dann Demokratie. Sie werden doch zugeben, daß all dies nicht eben von übermäßiger Achtung vor der Meinung der Gegenseite zeugt. Zudem ist die Einfalt dieser Politik wohl kaum zu überbieten. Mitunter denke ich, daß ich doch irgendeiner Partei, ganz egal welcher, hätte beitreten sollen. Einzig und allein, um wenigstens jemandem begreiflich machen zu können, daß diese Gangart zu nichts führt und daß wir ohne Kompromißbereitschaft unsere Demokratie bald zu Grabe tragen werden. Den Leuten fehlt es an Phantasie. Jeder gerät außer Rand und Band vor Glück, sobald im Gemeinderat von Kardašova Řečice seine Partei den

Sieg davonträgt, wenn darüber abgestimmt wird, ob ein Briefkasten am Haus des Schneiders Houžvička oder an der Apotheke des Magisters Pospíšil angebracht werden soll. Man könnte glauben, keiner hat eine Ahnung, was bei uns und in der Welt auf dem Spiel steht. Kennen Sie die Fabel vom Sperling und der Kuh? Nein?

Auf der Straße steht vor einer Schenke eine Kuh. Ihr Besitzer genehmigt sich drinnen ein Bier. Ein Sperling kommt geflogen, landet unter der Kuh und beginnt aufzupicken, was sie so abgeladen hat. Dabei schilpt er recht vergnügt. Die Kuh läßt noch einen Fladen fallen und bedeckt damit den Vogel so, daß nur noch sein Kopf hervorlugt. Der Spatz macht sich aber nicht viel daraus. Sein Schnabel steht ihm keinen Augenblick still. Als die Kuh sich ein drittes Mal erleichtert, hat der arme Spatz ausgezwitschert. Wie jede Fabel hat auch diese ihre Moral: Wenn man bis zum Hals im Dreck steckt, sollte man den Schnabel nicht zu weit aufreißen. Das vergessen unsere Demokraten nur zu oft. Sie bauen darauf, daß der Bauer die Kuh ohnehin zum Schlachthaus bringt, sobald er sein Bier ausgetrunken hat. Das mag wohl stimmen, doch dem Spatz hilft das nicht mehr."

„Nun ja, Demokrat sein, mein Freund, ist keine leichte Bürde, bedeutet es doch, daß jeder gezwungen ist, selbständig zu denken. Und, wie mein Vater zu sagen pflegte, denken tut weh. Das Erfolgsgeheimnis aller Diktatoren besteht eben darin, daß zu viele Menschen auf der Welt einfach zu faul sind, vom eigenen Kopf Gebrauch zu machen und es vorziehen, Befehle folgsam entgegenzunehmen, die oben ausgeheckt wurden. Wenn sie sich endlich dazu aufraffen, ihr Hirn anzustrengen, ist es meist zu spät. In der Regel bleibt ihnen gerade noch so viel Zeit, zu erkennen, daß die Totengräber bereits alles vorgeplant und bereitgestellt haben."

In meinen Aufzeichnungen über die Gespräche mit Jan Masaryk erscheint das Thema Demokratie wie das Thema Kommunismus zum letzten Mal kaum ein Monat vor dem im Februar 1948 stattgefundenen Staatsstreich. Während unseres letzten Gesprächs über Demokratie befand sich Jan in einer gedrückten Stimmung. Als hätte er vorausgeahnt, was sich wenige Wochen später ereignen sollte, sagte er mir damals:

„Auf diese Weise wird es uns nicht gelingen, die Demokratie zu retten. Wir haben ihnen einen zu großen Vorsprung gelassen. Allein können wir nicht mehr viel tun. Wie soll man eine Dampfwalze aufhalten, die von einem russischen Panzer geschoben wird? Die Großen aber, die großen Demokratien, hätten vieles unternehmen können. Vielleicht wäre es auch jetzt noch nicht zu spät. Wenn ihnen aber nicht bald ein Licht aufgeht, haben wir ganz sicher – und vermutlich auch sie – nur noch das Nachsehen. Ich bin schon über sechzig, habe also mein Leben hinter mir, es geht mir nicht so sehr um mich. Ich denke an die Kinder und sie tun mir schrecklich leid."

„Gewiß gibt es auf der Welt Menschen, die auch unter einer Diktatur glücklich sind. Wer nie von einem Badezimmer gehört hat, wird auch mit dem Waschzuber im Hof zufrieden sein. Wer nie einen Rembrandt zu Gesicht bekommen hat, wird eine Farblithographie mit Stalins Schnurrbart als höchste Kunst bewundern. Wo bleibt aber die menschliche Würde, wenn man die Leute einigermaßen zufriedenstellt, nur indem man ihnen die Errungenschaften tausendjähriger Kultur und Zivilisation verschweigt und vorenthält?"

„Ohne Gedankenfreiheit, lieber Freund, ist menschliche Würde unvorstellbar. Und ohne Gedankenfreiheit gibt es auch nichts, was mit Recht die Bezeichnung Demokratie verdiente. Der Gedanke an unsere Kinder raubt mir oft den Schlaf. Wohl habe ich, sofern ich weiß, selbst keine Kinder, aber ich denke an die der anderen. Eine Frage ist es, die mir keine Ruhe läßt: Wie könnte man wohl verhindern, daß sie zu Robotern werden? Denn was bleibt von einem Menschen, der keine eigenen Gedanken haben darf und der ausnahmslos 'A' sagt, wenn man die Taste A drückt und 'B', wenn der entsprechende Knopf betätigt wird? Dann heißt es immer: 'Marx sagt auf Seite 283, Absatz 3, Zeile 10...', 'Lenin sagt dort und dort...', aber niemals: 'Ich sage...' Ich möchte aber, daß diese Kinder eigenständig denken und sprechen lernen, daß sie nicht zu lebenden Fossilien werden, daß sie ein offenes Ohr haben und genau hinhören, was man hier behauptet und was man dort von einer Sache hält und daß dann jeder im eigenen Schädel die Bilanz zieht, daß er, falls er zur Schlußfolgerung kommen sollte, die Mohammedaner hätten recht, meinetwegen Mohammedaner werden darf. Nicht aber, daß man ihn auf irgendwelche Kurse schickt, von denen er erstarrt zurückkehrt, wie ein Blumenstrauß, den man in Karlsbader Sprudel getaucht hat. Und nicht, daß man den Kindern Scheuklappen anbringt und Ohrenschützer aufsetzt und sie zu einer Fidel mit einer einzigen Saite macht. Davor habe ich am meisten Angst. Das wäre das Ende der Demokratie. Und das Ende der menschlichen Würde. Dann wäre mir, lieber Freund, am Weiterleben nicht mehr viel gelegen."

Später habe ich Jan Masaryk nur noch einmal gesehen, zwischen dem Rücktritt der nichtkommunistischen Minister und dem Tag, an dem Präsident Beneš dem Druck nachgab und sich mit der Bildung einer kommunistischen Regierungeinverstanden erklärte. Alles, was Jan damals bemerkte — und er tat es mit tiefer Resignation —, war:

„Wir werden sehen. Vielleicht dienen wir wenigstens wieder einmal anderen Demokratien als Warnung!"

Es war das letzte Mal, daß ich das Wort „Demokratie" aus Masaryks Munde hören sollte. Dann kam in der Tschechoslowakei auch das Ende der Demokratie selbst.

Großmächte und kleine Völker

Nur wenige politische Fragen haben Masaryk so intensiv beschäftigt wie die Beziehungen zwischen großen und kleinen Völkern. Deshalb taucht dieses Thema in den Aufzeichnungen unserer Gespräche besonders häufig auf. Wenn er sich auf die Großmächte bezog, sprach Masaryk von den „Großen". Die kleinen Völker nannte er „Zwerge". Kurz nach Beginn des Krieges bemerkte er einmal:

„Kaum zu glauben, aber manche Völker können es nicht ertragen, in der Nachbarschaft von Zwergen zu leben. Es steht fest, daß sie einen Zwerg nach dem anderen verschlingen werden. Am Ende bekommen sie aber sicherlich ganz schreckliche Bauchschmerzen, weil sie sich übernommen haben. Alle Zwerge, alle Kleinen müßten sich zusammenschließen. Sie müßten die lächerlichen Ansprüche auf Autarkie und ähnlichen Schwachsinn fallenlassen. Autarkisches Lettland! Autarkisches Monaco! Ich war schon immer bemüht, unseren Leuten das klarzumachen. Wenn bei uns am Altstädter Ring Weizen wächst, sollten wir wirklich nicht versuchen, unsere Maschinen ausgerechnet an Rumänien zu verkaufen, wo doch die Rumänen selbst auch nur mit Weizen zahlen können. Deshalb haben mich unsere Agrarier auch so gehaßt. Lauter Hornochsen! Kleine Völker können nur durch umfassende Zusammenarbeit im Rahmen einer wirtschaftlichen Planung überleben."

„Ich werde Ihnen mal was sagen. Ich bin wohl das, was man gemeinhin einen Staatsmann nennt. Nicht, daß ich mich allzu ernst nehmen würde. Ehrlich gesagt, überkommt mich oft das Lachen, wenn ich mich frühmorgens rasiere und diesen albernen Kopf im Spiegel erblicke. 'Einen wunderschönen guten Morgen wünschen wir, Herr stellvertretender Premierminister!' Da es aber einmal so ist, und ich nicht umhin kann, ein Staatsmann zu sein, wird mir niemand und nichts helfen und ich habe die Pflicht, nur über die Gegenwart nachzusinnen. Ich muß mir ebendiesen Kopf darüber zerbrechen, was uns heute erwartet. Doch ab und zu, wenn ich mich abends nicht gerade zu einem dieser entsetzlichen Anlässe in Smoking oder Frack melden muß, sondern mir selbst ein Gulasch zubereiten und anstatt in Lackschuhe in Pantoffeln schlüpfen kann, leiste ich mir den Luxus, nicht in Zeiträumen von Tagen, sondern von Jahrhunderten zu denken. Ich empfehle es jedem, der als Sohn eines kleinen Volkes geboren wurde und deshalb an so etwas wie Minderwertigkeitskomplexen leidet. Mir hat es mein Vater beigebracht. Ich war keineswegs ein Musterschüler, doch eines habe ich mir gut eingeprägt – die Dinge, wie er zu sagen pflegte, *sub specie aeternitatis* zu betrachten. Aus dieser Perspektive gesehen, nehmen sich die kleinen Völker gar nicht so klein aus. Denken Sie beispielsweise nur an Plato. Er war Grieche und Griechenland zählte zu den Zwergen unter den Völkern. Oder denken Sie an Jesus. Und wenn ich recht überlege, stehen die Tschechen auch nicht so schlecht da. Hus, Comenius, Dvořák, Tomáš Masaryk – wenn Sie gestatten –, nein, das ist wirklich nicht schlecht. Schließlich sind Sie Jude, also kann ich mir lange Ausführungen sparen. Ich tauschte gern alle Großmächte und noch ein paar mittelgroße dazu, gegen Moses, Jesaja und Einstein."

,,Ein großer Junge kann den kleineren entweder schützen oder peinigen. Gnade Gott einem kleinen Volk, das sich nur mit einem einzigen unter den Großen einläßt. Das ergibt nämlich eine Kooperation, wie sie der böse Wolf Rotkäppchen angeboten hätte. Doch kann eine große Demokratie auch zu einer ausgezeichneten Gluckhenne für die kleinen demokratischen Küken werden. Sofern sie tatsächlich eine ist, wird sich eine große Demokratie niemals in einen bösen Wolf verwandeln. Eine Demokratie, in der die Männer ihre Frauen und die Machthaber ihre wehrlosen Untergebenen nicht knechten, eine solche demokratische Großmacht wird kleine Völker niemals bedrängen."

,,Wissen Sie, ich sehe die Dinge so: Es ist gut, daß es unter den Völkern auch Ponies gibt, und es ist gut, daß die

Zwerge dann und wann ein wenig gemaßregelt werden, weil sie vergessen haben, den Schulterschluß zu üben und zusammenzustehen. Nur darf bei dieser Maßregelung keiner von ihnen verlorengehen. Denn die Zwerge haben, wie die Großen auch, eine unsterbliche Seele."

„Ich habe oft mit meinem Vater über kleine Völker gesprochen. Der Skeptiker der Familie war meist ich. Der alte Herr hingegen hat nie daran gezweifelt, daß die Zwerge, nicht weniger als die Großen, eine Sendung auf dieser Welt zu erfüllen haben. Und er geriet jedesmal außer sich, wenn jemand nur deshalb die Flinte ins Korn warf, weil er als Tscheche oder Däne und nicht als Russe oder Amerikaner das Licht der Welt erblickt hatte. Nur in einem Punkt unterschieden sich unsere Ansichten grundlegend: Ihm schwebte vor, daß die kleinen Völker wie wir, die Tschechen, die Rolle von Brücken zwischen den Großen erfüllen. Mir dagegen hatte dieser Gedanke schon immer mißfallen, denn auf Brücken trampelt man herum. Mir schien eher einleuchtend, daß die kleinen Ponies den großen, schweren Pinzgauern von Schenker lieber aus dem Weg gehen und sich abseits halten sollten, wenn diese mal scheuten. Andererseits stimmte ich aber mit dem alten Herrn darin überein, daß der Mensch den gleichen Stolz empfinden darf, egal, ob er als Tscheche geboren wurde, oder ob er in Moskau oder Cedar Rapids zur Welt gekommen ist. Wir waren uns auch darin einig, daß wir die Ergebnisse unserer politischen Denkarbeit seelenruhig auf den Weltmarkt neben der Ware aus Washington, Paris, London und Moskau zur Schau stellen könnten, daß die Zwerge sicher viel von den Großen zu lernen hätten, der Lernvorgang aber auch in umgekehrter Richtung verlaufen könnte. Von den Großen sollen wir sehr wohl lernen, nicht aber sie nachäffen, ihnen alles nachplappern. Unsere Landsleute meinen, wir müßten in Prag am Nachmittag alles tragen, was am Vormittag in Paris große Mode war. Das habe ich unseren Malern nicht bloß einmal vorgehalten. Einer kennt nichts anderes als die Mähren, die bei uns den Möbelwagen ziehen. Weil aber Picasso gestern einen wilden Hengst gemalt hat, meint er, heute eine ganze Herde wilder Hengste malen zu müssen. Ein Volk, klein oder groß, darf nie seine Originalität aufgeben, sonst hört es auf, ein Volk zu sein."

„Auch mit Karel Čapek habe ich oft über große und kleine Völker gesprochen. Ein hervorragender Dichter. Und ein begnadeter Gärtner. Einmal, als wir wieder auf dieses Thema zurückkamen, sagte er: 'Sehen Sie sich den Baum dort an. Er hat große und kleine Äste. Die großen stützen und tragen die kleinen. Durch sie, die großen, steigt der Lebenssaft in die kleinen, und dabei nehmen die großen den kleinen den Saft nicht weg. Wenn sich die Großmächte gegenüber den kleinen Völkern nur so verhalten würden wie die großen Äste zu den kleinen, wie viel einfacher und besser wäre alles!' "

„Natürlich gibt es im Leben der Großen auch eine Reihe von Sorgen, die den Zwergen erspart bleiben. Sie sind zum Beispiel von einer heillosen Angst erfüllt, die Bevölkerung einer anderen Großmacht könnte rascher anwachsen als die eigene. Dann gehen sie her und ködern die jungen Eheleute: 'Hier, wir stellen euch kostenlos ein Bett zur Verfügung. Und für den fünften Sohn bekommt Ihr auch einen Kühlschrank, für den zehnten gibt es ein Auto und für den zwanzigsten gar ein Flugzeug'. Schließlich hat der liebe Gott ja auch befohlen: Mehret Euch wie die Fische im Meer und der Sand auf der Erde, oder so ähnlich. Ich habe ein schlechtes Gedächtnis für Zitate. Nur wollte der liebe Gott möglichst viele glückliche Menschen auf der Welt sehen, während den Bevölkerungsaposteln unter den Politikern der großen Völker anscheinend eher an möglichst vielen Soldaten als Kanonenfutter gelegen ist. Wie mir scheinen will, ein recht großer Unterschied, ein erschreckend großer Unterschied! Ich erinnere mich, daß einer unserer Schlauköpfe hier, in London," (das Gespräch fand Ende 1944 statt) „vor nicht allzulanger Zeit die Idee zum Besten gab, wir müßten nach dem Krieg eine Bevölkerungspolitik à la Mussolini, mit Prämien für kinderreiche Familien und was sonst noch dazugehört, anstreben. Ich setzte ihm auseinander: 'Lieber Freund, das ist ganz einfach. Nach jedem Krieg verbreiten sich die Geschlechtskrankheiten überaus schnell. So werden wir also unsere Landsleute vor allem dazu bewegen müssen, Präservative zu benutzen. Du bestehst darauf, daß wir möglichst viele Kinder in die Welt setzen sollen. Ich schlage vor, wir richten eine Fabrik ein, in der schadhafte Präservative her-

70

gestellt werden', und dann habe ich ihn zum Teufel gejagt. Ist die Familie denn eine Soldatenfabrik? Manche Großmächte sind anscheinend dieser Überzeugung. Bei kleineren Völkern fällt es nicht so schwer ins Gewicht, ob sie erst acht oder schon neun Divisionen aufstellen können. Wenigstens in dieser ungeheuerlichen Perversität brauchen wir die Großen nicht nachzuäffen."

„Wissen Sie, die Verhältnisse lassen sich mit jenen in einer Familie vergleichen. Wenn Vater und Mutter einander liebhaben und sich nicht gegenseitig die Teller an den Kopf werfen, so sind die Kinder meist glücklich und haben rosige Wangen. Kommt aber der Vater betrunken nach Hause und die Mutter erwartet ihn mit dem Nudelwalker hinter der Tür, so wirkt sich das letzten Endes auch auf die Kinder aus. Würden doch die Großen nur begreifen, wie man miteinander in Frieden leben kann! Dann müßten wir Zwerge nicht dauernd von der Angst geplagt sein, daß uns irgendein Teller oder sonst etwas um die Ohren fliegt. Nur sind in diesem verfluchten Jahrhundert, in dem wir leben, die Verhältnisse leider nicht so, wie man sie sich für eine richtige Familie wünscht. Und das, obwohl es so schön begonnen hatte. Nach den Flitterwochen im Jahre 1918 sah es beinahe so aus, als könnten die kleinen Völker in Ruhe und bei bester Gesundheit wachsen und gedeihen. Vater und Mutter nahmen sie gar zum großen Familientisch nach Genf mit und fragten die Kleinen, wie es sich für fortschrittliche Eltern geziemt, nach ihrer Meinung zu diesem oder jenem Punkt, ja, beherzigten mitunter sogar ihren Rat. Doch hat sich dann einer der Großen wieder einmal einen Rausch angetrunken. Die Folgen sind wohl hinlänglich bekannt. Der Salzhering, mit dem der Welt endlich zur Nüchternheit verholfen werden könnte, ist allem Anschein noch nicht gefangen worden."

„Man glaubt entweder an Gewalt, oder aber an eine Idee. Wenn Gewalt entscheiden soll, dann können alle kleinen Völker einpacken und den Laden dichtmachen. Die Handvoll großer Monopole und Konzerne wird sie mit Sicherheit alle verschlingen. Ihren einzigen Trost können die Zwerge höchstens darin finden, daß die Großen einander schließlich auch auffressen werden. Wenn Sie im Menschen, wie man es uns in der Schule beigebracht hat, tatsächlich den *homo sapiens* sehen und überzeugt sind, daß seine Größe nicht nach der Anzahl seiner Panzer und Kanonen bemessen wird, sondern vielmehr danach, wie originell und tief er zu denken vermag, so stehen mir Tausende von Beispielen zur Verfügung, die beweisen, das große Gedanken genausogut im entlegensten griechischen Dorf wie in einer Millionenstadt entstehen können. Doch leider... Aber Sie wissen ja!"

So dachte Jan Masaryk noch während des Krieges über die Beziehungen kleinerer Völker zu den Großmächten. Später, nach dem Krieg, nahmen seine Gedanken eine immer pessimistischere, düsterere Färbung an. Bei der Friedenskonferenz von Paris im Jahre 1946, als der Frieden mit Hitlers Satelliten ausgehandelt wurde, sagte er mir:

„Hier erhalte ich Anweisungen, was ich mit unserer ungarischen Minderheit anzufangen habe. Bald wird mir der kubanische Delegierte vorschreiben wollen, wie ich mit den Sudetendeutschen umspringen muß. Dann sage ich ihm aber: 'Noch ein Wort und du wirst von mir hören, wie Zigarren zu machen sind'. Mit den Großen kann man freilich keine so deutliche Sprache sprechen. Die Zeiten sind vorbei, da die Großmächte bereit waren, sich mit den Kleinen zu beraten. Jetzt erteilen sie ihnen kurzerhand Befehle. Als Beneš in dem Sessel saß, in dem ich heute sitze, hatte seine Stimme in Genf noch Bedeutung. Natürlich können die Zwerge auch in unseren Tagen wie eh und je perhorreszieren. Wer hört ihnen aber zu? Jedesmal, wenn ich mich zum Rednerpult begebe, habe ich den Eindruck, meine Erklärungen werden sicherlich nicht schwerer ins Gewicht fallen als die oratorischen Übungen eines Sextaners. Wenn sie mir überhaupt noch zuhören, dann nur deshalb, weil sie einen neuen Witz erwarten, oder weil sie hoffen, meinen Ausführungen entnehmen zu können, was mir Genosse Molotow zu sagen befohlen hat. Nach und nach werde ich selbst genauso zynisch wie die anderen. Sooft ich die Ansprachen der Delegierten kleiner Völker bei den internationalen Konferenzen verfolge, klingt mir alles nach der 'Dreigroschenoper'. Außenminister eines kleinen Volkes zu sein, ist heute ein trostloser Beruf. Man muß schon eine erfolgreiche Sonderausbildung als

Bettler abgeschlossen haben. Unseren Landsleuten ist es jedoch anscheinend nicht klar, daß die Gegenwart für eine ausgesprochen selbständige Außenpolitik kleiner Völker ganz und gar nicht günstig ist. Sie erwarten von mir, daß ich vormittags mit Byrnes und nachmittags mit Stalin einen Ringkampf austrage und zwischendurch, in der Pause, noch rasch Attlee eine Lektion erteile. Dazu reicht nun aber mein Bizeps nicht ganz aus. Außerdem will ich gar nichts anderes, als daß man uns alle in Ruhe läßt. Aber genau das kann ein kleines Volk heutzutage nicht bekommen."

„Natürlich gibt es Zwerge und Zwerge. Sehen Sie sich einmal Spaak an. Sein Belgien ist wahrlich keine viel größere Firma als meine. Doch wenn er den Mund öffnet, kommen ihm gleich zwei Vorteile zugute: Erstens kann er sicher sein, daß Stalin nicht ein paar russische Divisionen in sein Land schickt, sobald Spaaks Augen ihm nicht mehr gefallen. Zweitens weiß jeder, daß er das, was er sagt, auch sagen will und nicht erst in Washington dafür kniefällig um Erlaubnis bitten muß."

„Oft frage ich mich, was Vater wohl an meiner Stelle getan hätte. Werde ich in die Enge getrieben, nun, so hege ich mitunter Zweifel, daß er in meiner Lage wie ich gehandelt hätte. Ich entsinne mich, einmal lagen wir in Lány im Gras unter einem Baum, Vater, Karel Čapek und ich. Hitler hatte eben die Macht ergriffen und wir kamen, wie so oft, auf große und kleine Völker zu sprechen. Vater meinte, die Zwerge werden jede Gewalt überstehen, vorausgesetzt, daß sie eine ausreichende moralische Kraft aufbringen. 'Tschechen und andere kleine Völker werden noch immer da sein', sagte Vater an jenem Nachmittag, 'wenn Hitler ein längst vergessener Alptraum sein wird, wenn man mit seinem Namen nur noch kleinen Kindern Schreck einjagen wird.' Und Čapek meinte darauf: 'Das hier ist ein herrlicher Park. Mein Garten nimmt sich daneben zwar klein aus, aber schön bleibt er trotzdem. Dieser Park könnte verwahrlost sein, während in meinem kleinen Garten noch viele prachtvolle Beete blühen. Mit den Völkern verhält es sich nicht anders. Große und kleine Völker können genausogut nebeneinander bestehen wie dieser Park und mein kleiner Garten.' Ich habe damals, soweit ich mich erinnere, kaum etwas hinzugefügt. Heute würde ich jedenfalls Čapeks Optimismus etwas abschwächen wollen. Wie soll man bloß den eigenen kleinen Garten in Ordnung halten, wenn der Nachbar aus seinem Park Unkraut und Brennesseln über den Zaun wirft? Ich weiß, Vater hätte darauf bestanden, man dürfe eben nicht aufhören, den Abfall wegzuräumen. Kann man aber so schnell jäten, wie das vom Nachbarn über den Zaun geworfene Unkraut Wurzeln schlägt?"

Mit dem zunehmenden Druck aus Moskau wuchsen auch die Befürchtungen und die Sorge Jan Masaryks um das Schicksal der kleinen Völker.

„Wie soll das alles bloß gutgehen?" fragte er mich einmal, als ich unmittelbar nach dem Besuch des sowjetischen Botschafters sein Arbeitszimmer betrat. „Sie beißen von unserem Kuchen Stück für Stück ab und werden ihn schließlich ganz verschlungen haben. Uns werden sie aber einzureden versuchen, der Kuchen gehöre noch immer uns. Stalin, mein Lieber, ist ein besserer Hypnotiseur als Hanussen — an den Sie sich vielleicht gar nicht mehr erinnern. Wenn sich Sorin zum nächsten Mal anmeldet, werde ich ihn wohl in Volkstracht empfangen. Wieso? Weil sie sicherlich bald das einzige sein wird, was sie uns von unserer Unabhängigkeit übriggelassen haben. Wenn man nämlich auf der Galeere unter ihrem Befehl rudert — Sie wissen ja, *ej uchnjem!* —, so haben sie nichts dagegen, daß man dazu ein eigenes Volkslied singt, vorausgesetzt es hat einen bewegten Rhythmus — wegen des Tempos..."

„Der liebe Gott hat uns zu wenig Phantasie geschenkt. Mir hätte er zum Beispiel von meiner stattlichen Gestalt nehmen und mir dafür etwas mehr Vorstellungskraft geben sollen. Leider waren wir nicht einfallsreicher als ein von geistig kaum überragenden Eltern abstammendes Mondkalb, sonst hätten wir rechtzeitig eine Konföderation kleiner Völker gegründet. Unlängst erzählte mir jemand, sein Hausmeister habe ihm berichtet, es werde eine Arbeitsbrigade aufgestellt. Ja, und mit welcher Aufgabe werde man sie betrauen? Sie solle Franz Joseph ausgraben. Österreich-Ungarn war nämlich so eine Art Aktiengesellschaft, der Hauptaktionär handelte nach seinem Gutdünken auf Rechnung der kleinen

Aktionäre. Eine solche Föderation kann uns freilich gestohlen bleiben. Aber irgendeinen Bund der kleinen Völker hätten wir doch schaffen sollen. Heute ist es zu spät. Jetzt wird man uns nicht mehr gestatten, eine Kooperative aufzuziehen. Jeder wird also danach trachten, den eigenen Laden so lange wie möglich offenzuhalten. Schließlich machen wir aber unweigerlich einer nach dem anderen Pleite. Merken Sie sich das. Und für uns hier wird es am ärgsten kommen. Sie werden sehen, man wird uns zwingen, ein Wunder zu vollbringen. Wir werden den Westen bescheißen müssen, um dafür vom Osten einen Dreck zu erhalten. Moskau wird uns wie ein Dompteur abrichten und gleichzeitig werden wir vom Westen eine übergebraten bekommen, sooft Moskau über irgendeines der westlichen Länder hergezogen ist. Sie kennen doch das Prinzip: 'Haust du meinen Juden, hau' ich deinen Juden'. Es wird uns noch schlimmer ergehen als einem Stück Papier zwischen den Klingen einer Schere.''

Das etwa war die Meinung Jan Masaryks im letzten Jahr seines Lebens über die Zukunft der kleinen Völker. Doch gab es sogar zu jener Zeit noch Augenblicke, in denen er die Dinge nicht so schwarz sah. In einem dieser Augenblicke sagte er mir:

,,Wir sind schlecht dran, mein Freund, sehr schlecht. Und dennoch habe ich die Hoffnung nicht ganz aufgegeben. Ich denke, Vater hatte doch recht — *à la longue* werden die Zwerge überleben. Mancher große Baum wächst wild, ohne Früchte zu tragen, mancher kleine beugt sich hingegen unter der Last der Äpfel. Ich schmökere in der letzten Zeit oft in der Weltgeschichte. Kaum zu fassen, wie viele große Reiche völlig ausgerottet worden sind. Sie sind längst ausgestorben, wie das Mammut, während es Ameisen auch heute noch gibt. Wir werden es erleben. Oder auf jeden Fall unsere Kinder.''

Krieg und Frieden

Es war gegen Ende des Jahres 1940, als ich eines Tages in die Londoner Wohnung Masaryks, unweit von Victoria Station kam, um mir für meine Arbeit ein Buch auszuleihen. Jans Bibliothek bot eine ansehnliche Auswahl tschechischer Literatur. Diese war in London Mangelware und so gab es unter den Landsleuten, die sich nach Hitlers Einzug in Prag von ihren eigenen Büchern hatten trennen müssen, nicht wenige, die von Zeit zu Zeit zu Masaryk und seiner Bibliothek pilgerten. Damals schrieb ich etwas über Comenius, und Masaryk wollte mir helfen, das gesuchte Buch zu finden. Plötzlich ließ er die Hand auf einem Buchrücken liegen und zog den Band heraus. Es war Tolstojs ,,Krieg und Frieden". ,,Das hier", sagte er, ,,habe ich wohl öfter gelesen als alle anderen. Fast jedes Jahr komme ich darauf zurück." Das war die Einleitung zu unserem Gespräch über Tolstojs Meisterwerk. Das gesuchte Buch, ,,Labyrinth der Welt und Paradies des Herzens" von Comenius, hatten wir gefunden und während wir den berühmten, von Masaryk selbst zubereiteten türkischen Kaffee schlürften, begann Jan über Krieg und Frieden zu sprechen.

,,Wenn es keine Kriege gäbe", bemerkte er, ,,könnte das Leben auf dieser Welt herrlich sein. Die Menschen sind aber Schweine, seit eh und je, seit vielen Jahrtausenden, vermutlich seit sie aufgehört haben, zu den Affen zu zählen. Ich wundere mich nur, daß Darwin diese Evolution nicht aufgespürt hat. Es steckt nämlich, lieber Freund, in jedem von uns, von Blaubart bis zum Erzbischof von Canterbury, ein Stück Bosheit. Und im Krieg ufert dann diese Bosheit aus. Zu Friedenszeiten können Lehrer, Mütter und andere Schutzengel einiges tun, um uns das Böse auszutreiben.

Kommt dann aber der Krieg, werden wir wieder zu Tieren. Vor allem deshalb hasse ich den Krieg. Vielleicht noch mehr wegen dieser Erniedrigung des Menschen als wegen der vielen Morde."

„Was kann dagegen unternommen werden? Mein Vater fuhr nach Rußland, um mit Tolstoj zu sprechen und den Dingen auf den Grund zu gehen. Tolstoj war ein Christ und ein Pazifist. Er lehrte, man solle sich dem Übel nicht widersetzen. Die andere Wange hinhalten, Sie wissen ja. Vater war auch Christ, aber außerdem auch ein kräftiger Mann und hätte es jedem, der das Risiko eingegangen wäre, ihm eine herunterzuhauen, mit Zinsen zurückgezahlt. Ich denke, Vater hatte recht und ich habe auch früher nie daran gezweifelt. Meiner Meinung nach muß der Mensch alles in seiner Macht stehende tun, um das Böse niederzukämpfen. Ehrlich gesagt, mein Lieber, bin ich gar nicht so sicher, daß es für uns nicht besser gewesen wäre, wenn wir gleich nach München den Krieg vorgezogen hätten. Ich weiß, daß Beneš vor einer schwierigen, schicksalsträchtigen Entscheidung stand und ich bin mir durchaus nicht sicher, was ich an seiner Stelle beschlossen hätte, aber... Wissen Sie, Hitler hat allzusehr darauf gebaut, daß man dem Bösen keinen Widerstand entgegensetzen wird. In jenem Sommer, als es mit Frankreich so furchtbar schnell bergab ging, hatte auch Churchill eine schwere Entscheidung zu treffen. Mancher hätte an seiner Stelle das Handtuch geworfen. Churchill war sich aber darüber im klaren, daß die menschliche Würde nur dann gerettet werden kann, wenn man sich bis zum Schluß gegen das Böse zur Wehr setzt. Allein schon deshalb —obwohl mir, bitte sehr, seine Schwächen durchaus bekannt sind — wird Churchill in meinen Augen immer ein großer Staatsmann bleiben."

„Heute früh unternahm ich einen Spaziergang durch den Hyde Park. Plötzlich fingen die Sirenen zu heulen an und die Flakgeschütze stimmten in das Konzert ein. Ich wurde von einem Blockwart in den nächsten Luftschutzkeller geschickt. Während ich dort so herumstand, ging mir die Frage durch den Kopf, ob die Menschen wohl all die Schönheit oben, im Park, und die anderen guten Dinge auf der Welt eigentlich verdienen. Allmählich aber wurde ich auf die Erzählungen der Leute aufmerksam, die mit mir zusammen das Ende des Luftangriffs abwarteten. Unter ihnen war eine alte Frau, die in ihrem Leben sicherlich manches durchgemacht hatte. Und ein Invalide aus dem vorigen Weltkrieg war auch da. Mir wurde klar, daß diese Menschen den Krieg zweifellos nie gewollt haben. Und ich sagte mir, daß es auf der anderen Seite, in Deutschland, vielleicht ebenfalls solche Menschen gab, die den Krieg verabscheuten. Sie sind bloß zu schwach gewesen und konnten dem Bösen nicht rechtzeitig entgegentreten. Für diese Schwäche mußten sie nun büßen."

„Nach diesem Krieg werden wir vorsichtiger sein müssen. Jede Viper sollte zertreten werden, noch ehe sie aus dem Ei geschlüpft ist. Wir werden unsere Bäume kräftiger gegen Ungeziefer zu sprühen haben. Wissen Sie, ich bin kein besonders frommer Mann und wenn ich zur Beichte ginge, müßte sich der Pfarrer für mich wohl den ganzen Tag freihalten. Aber bei Gott, manchmal bete ich, daß dieser Krieg doch der letzte sein möge. Wird er aber auch tatsächlich der letzte sein? Warum sollten die Menschen im Grunde genommen, ausgerechnet in unserem Jahrhundert aufhören, sich wie Schweine zu benehmen?"

„Juden und Radfahrer sind nicht an allem schuld. Einiges können wir uns getrost selbst zuschreiben. Frieden, Demokratie und was wir uns sonst noch auf der Welt ersehnen, ist eine Frage der Erziehung. Doch was haben wir dafür getan? Wie soll es in der Welt Frieden geben, wenn man den Lehrer hungern läßt und ihm nur eben soviel zahlt, daß ihm das Geld für eine Füllfeder und ein Päckchen der billigsten „Zora"-Zigaretten ausreicht? Erinnern Sie sich nur, was ein Lehrer bei uns so verdient hat. Rechnen Sie das in englische Pfund um und Sie werden feststellen, daß ein solches Gehalt kaum für drei Tage ausreicht. Und dabei sah es bei uns wirklich besser aus als in anderen Ländern. Was meinen Sie, wer wird noch bereit sein, diesen Beruf zu ergreifen? Es werden sich vielleicht ein paar Verrückte finden, oder möglicherweise ein Fräulein, das zu Hause ein Klavier hat und sich auch sonst einiges leisten kann. Die meisten werden aber solche Einfaltspinsel sein, daß sie sonstwo nicht einmal soviel zu verdienen imstande wären. Und von diesen Menschen sollte man erwarten, daß sie die Menschheit umerziehen? Lächerlich! Merken Sie sich, solange der General mehr verdient als der Lehrer, wird es auf der Welt keinen Frieden geben."

„Machen Sie sich nur keine Illusionen. Die Menschen wissen einfach nicht, wie sie leben sollen. Man muß ihnen eintrichtern, daß alles, ob es nun in ihrem Dorf oder sonstwo auf unserer Erde passiert, auch ihre Sorge zu sein hat, daß sie mitverantwortlich sind. Sie sollten begreifen, daß man die Dinge nicht einer Handvoll Berufspolitiker überlassen darf, weil diese zwar möglicherweise anständige Kerle, aber genausogut auch eine Bande von Dieben, Gaunern, Abenteurern, Karrieristen und Gangstern sein können, die mit dem Schicksal ganzer Völker ihre Geschäfte treiben. Nach den Erfahrungen mit Hitler und Mussolini sollte man schließlich damit rechnen dürfen, daß der Mann auf der Straße sich an die Stirn schlägt und verlangt, endlich dabei zu sein, wenn Politik gemacht wird, die über sein Leben entscheidet. Doch Vorsicht! Denn der Mann auf der Straße ist noch immer ein Kind und obendrein ein recht vernachlässigtes. Für seine Entwicklung haben wir herzlich wenig getan. Es ist auf gar keinen Fall ausreichend gewesen. Möglich, daß er noch immer lieber zum Hunderennen geht, als darüber zu grübeln, was man tun müßte, um zu verhindern, daß ihn irgendein Hitler nicht nur um das Hunderennen prellt, sondern ihn selbst noch auf den Hund bringt."

„Addiert man alles auf, ergibt sich eine einzige Schlußfolgerung: Lehrer, Lehrer und wiederum Lehrer, die brauchen wir jetzt mehr denn alles andere. Wie Sie wissen, bin ich nicht gerade ein wandelndes Lexikon und habe die Weisheit bei Gott nicht mit Löffeln gegessen. Aber wenn ich, sagen wir mal, dreißig Jahre jünger wäre, so würde ich den Kindern das Einmaleins beibringen und nicht die Ludwigs und Friedrichs und alle linken Nebenflüsse des Don, weil ich überzeugt bin, daß ein Mensch auch ohne dieses Wissen glücklich sein kann. Aber ich möchte ihnen verständlich machen, was es eigentlich mit dieser Demokratie auf sich hat. Daß man auch dem Andersdenkenden zuhören muß und bereit sein, auch dem anderen recht zu geben, daß man Wege finden muß, mit dem anderen eine Einigung zu erreichen und daß Konflikte auch ohne Maulschellen ausgetragen werden können."

„Wir dürfen vor allem nicht vergessen, daß die Menschen keine Aussicht auf Frieden haben werden, solange es in der Welt tiefe Gründe für soziale Unzufriedenheit gibt. Ihnen brauche ich doch nicht in Erinnerung zu rufen, daß die Hussiten oder George Washington ihre Kriege keineswegs aus materiellen Gründen geführt haben. Marx hat sicherlich einen gewaltigen Irrtum begangen, als er meinte, alles auf diesen einen gemeinsamen Nenner bringen zu können. Andererseits muß man nicht unbedingt Mitglied der Akademie für Marxistische Studien sein, um zu wissen, daß in Sachen Krieg und Frieden der materielle Aspekt eine wichtige Rolle spielt. Soziale Abnormitäten müssen verschwinden. Schrittweise freilich, aber zielstrebig muß damit Schluß gemacht werden. Das gehört zu jenen Erkenntnissen, die ich an die Kinder weitergeben möchte. Neid ist eine angeborene menschliche Eigenschaft, die sich nicht so leicht aus der Welt schaffen läßt. Deswegen müssen wir die Welt eben so gestalten, daß es nichts mehr gibt, worum einer den anderen beneiden könnte. Und außerdem ist ein Mindestmaß an sozialer Sicherheit schlechthin unabdingbar. Solange es auf der Welt auch nur einen einzigen Menschen gibt, der keinen Schlaf findet, weil er nicht weiß, womit er seine Kinder morgen ernähren soll, ist dieser Planet nicht sicher."

„Daß wir den Krieg gewinnen werden, steht fest. Vielleicht dauert er noch Jahre, aber zum Schluß siegen wir bestimmt. Den Frieden zu erlangen wird hingegen viel schwieriger sein. Man sollte von den Ärzten lernen: Prophylaxe ist eine weitaus vernünftigere Methode als Therapie. Nicht die Krankheit abwarten und sie erst bekämpfen, wenn sie zugeschlagen hat. Dann könnte es nämlich schon zu spät sein. Bis der Krieg zu Ende ist, werden die Demokratien für diese blutige Operation täglich unzählige Menschenleben geopfert haben, allein um eine Krankheit zu überwinden, die im Grunde genommen der Welt hätte erspart bleiben können. In Zukunft werden wir mit Sicherheit etwas mehr Geld für Prophylaxe in der Politik aufwenden müssen. Schottischer Geiz lohnt nicht immer. Nach diesem Krieg werden wir alle arm sein. Vielleicht wird diese Armut so manchem klarmachen, daß er *à la longue* mehr gerettet hätte, wenn er nicht stets darauf bedacht gewesen wäre, einstweilen eine möglichst volle Tasche zu haben. Wir müssen den Menschen soziale Sicherheit bieten und alles abschaffen, was soziale Unzufriedenheit hervorruft. Begreifen wir das nicht, so ist es aus mit uns. Mir scheint alles selbstverständlich. Ich kenne wirklich keinen Menschen, dem der Krieg lieb wäre. Damit meine ich natürlich normale Menschen, nicht etwa Hitler. Der ist eben kein Mensch. Wenn ich also von Menschen spreche, so denke ich an František Houžvička aus Kyšperk und John Doolittle aus Cricklewood. Jeder pinkelt lieber auf seinen eigenen Sandhaufen, anstatt Schützengräben zu buddeln. Geben Sie ihm aber nicht genug, damit er sich eine Wurst und ein Glas Bier kaufen kann, so wird der Mann dem erstbesten Demagogen nachlaufen, der ihm verspricht, der Krieg würde ihm das geben, was der Frieden ihm vorenthalten hat."

„Vieles wird natürlich davon abhängen, wer nach diesem Krieg in den großen Demokratien regieren wird. Das ist mir nie so bewußt gewesen wie bei einer Zusammenkunft mit Chamberlain zu Anfang des Krieges. Manchester schien mir für ihn als Bürgermeister stets zu schade. Es war sicherlich eine zu große Stadt, um sich einen Bürgermeister wie ihn zu leisten. Tábor oder Humpolec wären weitaus geeigneter gewesen, dort hätte er nicht viel Schaden anrichten können. Als ich ihn mir aber vorstellte, wie er im Namen von Millionen Krieg führt, wurde mir doch ein wenig bange. Gott sei gedankt für Churchill! Der ist aus einem anderen Holz, ein völlig anderes Kaliber. Doch Vorsicht! Nach dem Krieg würde ich mich auch für ihn nicht mehr verbürgen. Wenn der Krieg einmal vorbei ist, wird man über soziale Probleme nachdenken müssen, und in diesen Angelegenheiten verhält sich Sir Winston, wie wir ja alle wissen, nicht eben wie der fortschrittlichste Menschenfreund. Ich kann Ihnen übrigens verraten, daß ich den Frieden im allgemeinen mehr fürchte als den Krieg. Roosevelt in Amerika ist ein kranker Mann, und wer Frankreich führen wird, das weiß nur Gott allein. Hoffentlich nicht de Gaulle. Natürlich wird auch die Dauer des Krieges eine Rolle spielen. Unterdessen könnten neue, jüngere, frische Leute die Szene betreten."

„Ich bin kein Planungsgenie. Zudem wäre es verfrüht vorauszusagen, wie Europa und die Welt nach diesem Krieg aussehen werden. Das Fell des Bären, wie man so schön sagt, läuft noch im Wald herum. Aber eines ist mir klar: Für Europa werden wir uns irgendeine Art Föderation ausdenken müssen. Unsere Landkarte sieht einfach lächerlich aus. Ein Gut wird unter fünfzig Pächtern verteilt und keiner kann sich von seinem Flecken selbst ernähren. Wir müssen uns aber beeilen, sonst wird der eine oder andere der wenigen noch verbliebenen Großgrundbesitzer beginnen, eine Parzelle nach der anderen einzuheimsen, und ehe wir dessen gewahr werden, stehen wir wieder da, wo wir heute sind, nämlich mitten im Krieg. Und der nächste wäre schrecklicher, als wir uns heute auch nur vorstellen können. Sollte es wirklich dazu kommen, dann schönen Dank! Ich würde es schon vorziehen, nicht mehr dabeizusein. Unlängst sprach ich mit H.G. Wells darüber. Er war pessimistisch wie immer. Ich versicherte ihm, daß ich trotz allem nicht aufgehört habe, an den gesunden Menschenverstand zu glauben. Darauf riet er mir, ich solle mir keine Illusionen machen. 'Der Mensch', fügte er hinzu, 'ist das dümmste Geschöpf, das je auf diesem Planeten gelebt hat.' Ich darf Ihnen etwas verraten: Mir will manchmal scheinen, als habe Wells gar nicht so unrecht gehabt. Und doch wird es auf der Welt immer wieder Menschen geben, die mahnend den Zeigefinger erheben werden — Sie wissen ja, so wie es mein alter Herr zu tun pflegte. Schließlich werden die Leute doch Vernunft annehmen, so hoffe ich wenigstens."

Auf das Thema „Krieg und Frieden" kamen wir öfters zurück. Doch das einzige längere Gespräch, das ich niedergeschrieben habe, fand bereits nach dem Krieg statt. Es war 1946, nach der Moskauer Außenministerkonferenz der vier Großmächte, als es klar war, daß sich die internationale Lage ernsthaft verschlimmert hatte. Masaryk war schlechter Laune. Er saß nicht wie sonst, die Füße auf den Tisch gestreckt, sondern lief mit gesenktem Kopf, die Hände auf dem Rücken, in seinem Arbeitszimmer unruhig auf und ab.

„Das habe ich immer am meisten befürchtet", sagte er. „Da haben wir sie, die großen, glorreichen Verbündeten! Verbündet in alle Ewigkeit, Amen! Kaum ein Jahr nach dem Krieg, da warten sie schon auf die erstbeste Gelegenheit, sich gegenseitig an die Gurgel zu springen. Verbündete! Der eine hält Millionen Menschen in Uniform, während der andere ganze Arsenale mit Atomwaffen anfüllt. Was wird uns wohl noch blühen? Ich will es gar nicht wissen. Und wir und alle anderen Zwerge werden dafür die Zeche zahlen. Wenn Sie viel Geld verdienen wollen, bauen Sie sich schleunigst eine Aspirinfabrik, denn sehr viele Leute werden Kopfschmerzen bekommen. Wählen Sie aber den Standort dafür nicht hier, bei uns, hier wird man sie nämlich verstaatlichen. Darin besteht die schrecklichste Krise für die anständigen Menschen, für diejenigen, die ihr Gewissen noch nicht eingebüßt haben: Mit wem sollen sie sich im nächsten Krieg verbünden? Auf der einen Seite lockt sie das Ideal der sozialen Gerechtigkeit. Doch die Kommunisten, die heute dieses Ideal predigen, werfen gleichzeitig Tausende in jene Konzentrationslager, um derentwillen wir doch den Krieg mit Hitler ausgefochten haben. Mit ihnen können wir also nicht gehen. Im Westen winkt die persönliche Freiheit. Allerdings nur, wenn die Hautfarbe Ihrer Großmutter Sie nicht disqualifiziert. Wen schert aber dort noch der soziale Fortschritt? Im Westen darf man denken und sagen, was man will, es stößt einem überhaupt nichts zu. Bloß verliert man unter Umständen dabei seinen Posten und der liebe Nachwuchs kann dann am Hungertuch nagen. Wer ein Gewissen hat, wird das kaum schlucken. Auf welche Seite soll man sich also schlagen? Man redet viel von der 'dritten Macht'. Sehen wir uns aber die Dinge etwas näher an. Frankreich bietet in dieser Hinsicht ein höchst geeignetes Beispiel. Es wechselt die Regierungen öfter als die Leute ihre Socken. Und dies allein deswegen, weil die Parteien, die angeblich diese dritte Macht bilden, sich nicht einigen können. Daß rechtschaffene Menschen mit reinem Gewissen keiner Organisation angehören, ist eine wahre Tragödie. Und die Linke hat bestimmt recht, wenn sie behauptet, die Kraft liege in der Organisation.''

,,Was bleibt den anständigen Menschen bei diesem Stand der Dinge noch übrig? Das kleinere Übel vorzuziehen und auf bessere Zeiten zu hoffen? Das sagt sich so leicht daher, aber versuchen Sie es doch mal! Läßt man Sie denn eigentlich das kleinere Übel wählen? Ich war noch nie so verzweifelt und noch nie herrschte in meinem Kopf ein solches

Wirrwarr wie jetzt. Ich erinnere mich an das Gespräch mit Winant, dem amerikanischen Botschafter in London. Dem geht es gut, er hat das Zeitliche gesegnet, der Arme. Ein Prachtmensch war er, so richtig vom Schlage Lincolns. Ich mochte ihn gern, denn er sprach mit mir ganz offen. Damals erzählte er mir vertraulich, wie sehr ihn eine Bemerkung Churchills geschockt habe. 'Heute kämpfen wir mit russischer Hilfe gegen die Deutschen', soll Sir Winston gesagt haben, 'und morgen, wenn wir damit fertig sind, werden wir vielleicht mit deutscher Hilfe gegen die Russen kämpfen. Möglicherweise haben wir einen Fehler begangen. Vielleicht hätten wir das alles auf einen Schlag erledigen sollen.' Oder so ähnlich. Sie wissen ja, wie Churchill redet. Mich hat es auch erschüttert, denn ich hätte mir so etwas nie vorstellen können. Jetzt aber kann ich es. In Moskau haben sie sich über nichts, aber auch gar nichts geeinigt. Und die Türen haben sie nur noch einen so schmalen Spalt offengelassen, daß höchstens eine Maus durchschlüpfen könnte. Höre ich das Geschwafel der Leute von einem neuen Krieg, so muß ich mich am Sessel festhalten. Ich will Frieden. Kann man aber den Zustand, in dem wir leben, wirklich Frieden nennen?"

„Natürlich wußten wir von den Schwierigkeiten, in allen Punkten Einstimmigkeit zu erzielen. Jetzt aber, nach diesem Moskauer Auftritt der vier Musketiere, sehen die Dinge viel übler aus als je zuvor. Es gibt noch immer Optimisten unter uns, und vermutlich haben sie noch einen Grund zu hoffen. Ich selbst sehe ihn aber nicht. Allmählich verliere ich den Glauben an den gesunden Menschenverstand. Mir scheint die Zeit immer näher zu rücken, in der die Lehrer unüberwindliche Schwierigkeiten haben werden, den Kindern klarzumachen, was dieser sogenannte *common sense*, dieser gesunde Menschenverstand eigentlich gewesen ist. Es wird bald schwieriger sein, ihnen davon eine Vorstellung zu vermitteln, als einen Brontosaurus zu beschreiben. *Common sense*, mein Lieber, beginnt in der Welt auszusterben. Wir wollen jetzt über den Frieden mit Deutschland sprechen. Wer denkt aber noch an Frieden? Allen steht der Sinn nur nach Krieg. Mit Rußland gegen Amerika, oder mit Amerika gegen Rußland. Alle reden von Krieg und keiner von Frieden. Ich habe immer gehofft, daß wenigstens unsere Kinder in Frieden leben werden. Ich nahm an, die amerikanische und die russische Lebensauffassung könnten friedlich nebeneinander existieren, die Großmächte würden in Frieden miteinander leben, ohne den Kleinen dabei im Nacken zu sitzen. Ein Funken Hoffnung glimmt noch immer in mir, aber er wird von Tag zu Tag schwächer. Ich bin schrecklich müde, und das sind beileibe keine Zeiten für müde Menschen. Wir müssen die Dinge dauernd im Auge behalten. Ich habe Angst, ich habe große Angst vor dem, was mit uns geschehen wird. Immer wieder sehe ich zwei wilde Elefanten vor mir, zwischen deren Beinen ein verschrockenes Kaninchen hin und her hoppelt. Davonlaufen können wir nicht und letztlich wird uns einer der beiden Elefanten ganz einfach zertrampeln.

Ich komme da mit einer ganzen Jeremiade. Dabei sehe ich vielleicht die Dinge nur deshalb so schwarz, weil ich alt werde. Sollten Sie noch mehr Hoffnung haben als ich, nehmen Sie meine Worte nicht zu ernst. Sehen Sie nur, was das für ein schöner Tag ist. Ich möchte mich so gerne ausruhen, denn ich werde es bitter nötig haben. Leider verkauft unser Reisebüro ,,Čedok" noch keine Flugkarten zum Mond. Denn wo sollte man auf diesem beschissenen Planeten Ruhe finden?"

Über den Humanismus

Nach meinem ersten Besuch in Masaryks Wohnung in London blieb ich nach dem Abschied im Vorzimmer vor einer Zeichnung von Mikoláš Aleš, einem meiner Lieblingsmaler, stehen. Das Gemälde hing neben der Tür zu Masaryks Arbeitszimmer. Jan verharrte eine Weile ruhig neben mir und führte mich dann zur gegenüberliegenden Wand, zum Bild des aus Polen stammenden, unlängst verstorbenen jüdischen Malers Szyk. Es zeigte einen kleinen Jungen in polnischer Volkstracht mit seinem jüdischen Freund aus dem Ghetto auf einer Bank. Sie hielten sich umschlungen und schienen in ein vertrauliches, fast brüderliches Gespräch vertieft. „Das habe ich mir erst gestern gekauft", sagte Masaryk. „Ich weiß, es ist kein Rembrandt, aber mir gefiel die Idee. Wissen Sie, genau das ist es, wofür ich kämpfe."

Später erinnerte ich mich recht oft an diese kleine Episode. Und zwar geschah es meist dann, wenn das Leitmotiv dieser Umarmung, die Liebe zwischen den Menschen, in unseren Gesprächen wiederkehrte.

„Wenn die Menschen einander nur etwas mehr lieben würden", sagte Masaryk wie schon so oft. „Wenn sie sich nur immer rechtzeitig darauf besinnen könnten, daß der andere auch eine Mutter hat, daß ihn die Hühneraugen nicht weniger plagen und daß er dieselbe Todesangst durchsteht, wenn sein Kind erkrankt. Würde jeder daran denken, daß der andere auch ein Mensch ist, daß wir ausnahmslos Menschen und keine Ungeheuer sind, so ginge es wohl auf der Welt anders zu. Möglicherweise sind aber die Menschen überhaupt nicht menschlich.

Das ist wohl so. Oft frage ich mich, warum die Menschen solche Viecher sind. Viecher? Nein, vielmehr Raubtiere. Die

Menschen sind unglaublich böse. Jeder möchte den anderen am liebsten in einem Glas Wasser ersäufen. Manchmal schäme ich mich geradezu, als Mensch geboren zu sein. Ich kann es bis heute nicht glauben, daß der liebe Gott ausgerechnet den Menschen als sein Meisterwerk betrachtet. Das Ebenbild Gottes! Daß ich nicht lache! Affen! Affen sind wir und nichts sonst. Affen, die immer höher klettern und vor Mißgunst durchdrehen, wenn irgendein Artgenosse einen höheren Ast erreicht, wo er eine Kokosnuß mehr ergattern kann. Mißgünstige, aufgeblasene, eitle, selbstsüchtige, würdelose Affen sind wir.''

,,Wissen Sie, wenn jemand ein solches Ministerium hinter sich herziehen muß, so ist es recht zweckmäßig, auch etwas vom Personalchef eines großen Unternehmens zu haben. Man lernt dabei eine Menge Leute kennen. Ich habe in meinem Leben mit vielen, sehr vielen Menschen zu tun gehabt. Glauben Sie mir, mich packt manchmal die Verzweiflung. Wenn ich einmal jemandem begegne, der sich nicht den Nabel der Welt dünkt, so möchte ich am liebsten einen Kniefall tun und ein Halleluja anstimmen. Jeder hält sich nämlich für wichtiger als der Allmächtige selbst. Jeder meint, alles stehe und falle mit ihm. Jeder Käfer wälzt seine Kotkugel vor sich her und wäre bereit, der eigenen Großmutter den Garaus zu machen, wenn er nur diese Dreckkugel dadurch ein wenig vergrößern könnte. Neulich habe ich die Sternwarte am Petřín besucht. Sie haben dort ein sehr starkes Teleskop, eines der besten Europas. Mir scheint es aber immer noch zu schwach, um damit einen bescheidenen, demütigen Menschen zu entdecken, der sich mehr über die anderen als über sich selbst Gedanken macht. Übrigens meine ich, Astronomie sollte allgemeines Pflichtfach sein. Es ist nämlich ungeheuer wichtig, sich dessen bewußt zu sein, daß der Mensch im All nur ein winziges Staubkörnchen ist. Ich halte die Duldsamkeit für eine meiner wenigen lobenswerten Eigenschaften, aber auch mir fällt sie mitunter gar nicht so leicht. Am anständigsten und würdigsten sind die Kleinen. Die einzigen, die nicht meinen, Galilei sei mit seiner Feststellung, daß die Erde sich im Grunde genommen um sich selbst dreht, ein Narr gewesen.''

,,Den Menschen wird kein Glück zuteil, weil sie keine

Herzensgüte besitzen. Würden sie weniger an sich und mehr an andere denken, würden sie mehr für andere als für sich selbst tun, dann wären sie bestimmt viel glücklicher. Wenn ich geholfen habe, ein jüdisches Kind zu retten, oder wenn ich jemandem Arbeit gab, weil er sie verdiente, so fühlte ich mich hinterher eine Zeit lang wie ein besserer Mensch. Der Tag, an dem ich so etwas tun konnte, war kein verlorener Tag. Ich weiß, ich habe leicht reden. Ich habe gewußt, wie man auf die Welt zu kommen hat. Ich hatte einen berühmten Vater, der mir zu einer einträglichen Position verhalf. Dann ist es mir durch günstige Umstände, vielleicht auch nur durch Zufall geglückt, dorthin zu gelangen, wo ich heute bin. Materielle Schwierigkeiten habe ich nie gekannt. Minister wollte ich freilich nie werden, denn ich hatte überhaupt keine Ambitionen. Klavier spielen, ja, das wollte ich wirklich. Aber was geschehen sollte, ist nun mal geschehen. Anderen, die derartige Ambitionen hatten, war das Glück weniger hold. Und unerfüllte Ambitionen können dem Menschen das Rückgrat krümmen. Nur schwachen Menschen, versteht sich. Der Starke findet immer seinen Platz. Natürlich darf er sich nicht darauf versteifen, unbedingt einen goldgestickten Kragen zu tragen. Er sollte sich eher Gedanken machen, wie man andere davor bewahrt, nicht ganz ohne Hemdkragen oder gar mit zerissenem Kragen herumzulaufen. Wenn man an andere denkt, so ist es einem vollkommen gleich, ob man es zum Direktor oder nur zum Kanzleischreiber gebracht hat. Denn es gibt so viel Elend und Unglück, die aus der Welt geschafft werden müßten, und so viele Arme, denen man helfen sollte, daß jeder dabei unendlich viel leisten könnte, ob er nun Ministerpräsident ist oder nur Briefträger in Dobruška.''

„Mein Vater hat Vortreffliches über den Humanismus gesagt und geschrieben. Nichts hat ihn Zeit seines Lebens so sehr beschäftigt, und alles, was er getan hat, entsprang eigentlich dieser Philosophie. Ich habe nie so viel gelesen wie er und werde es wohl bis an mein Lebensende nicht fertigbringen, auch nur ein Bruchteil dessen zu lesen, was er in einem einzigen Jahr verschlingen konnte. Aber auch ohne viel studiert zu haben ist mir eines klar: Mensch, denke an die anderen, meine nicht, du allein seiest wichtig. Auf jeden einzelnen kommt es genauso an wie auf dich. Denn die Seele jedes anderen ist nicht minder unsterblich als deine eigene. Wie der Mann neben dir, bist auch du nur ein Sandkörnchen und, verzeihen Sie, aber es ist im Grunde genommen scheiß-egal, ob du in der Sonne etwas stärker schillerst als die anderen Sandkörner oder nicht. Was zählt, ist lediglich daß der Damm nicht bricht. So heißt es also, weniger an sich und mehr an den Zusammenhalt mit den anderen Sandkörnern denken, an die Stütze, die man einander bieten kann. Ist das klar ausgedrückt? So sehe ich den Humanismus."

Einmal rief mich Masaryk in das kleine Appartement, das er oben, im Palais Czernin, dem Sitz des Außenministeriums bewohnte. Er sollte am Grab eines sozialistischen Politikers eine Rede halten und bat mich, sie durchzusehen. Er wollte meine Meinung dazu hören. Es ergab sich beinahe von selbst, daß wir bald in ein Gespräch über den verstorbenen Staatsmann gerieten.

„Ein hochbegabter Mensch", sagte Masaryk, „aber was hinterläßt er schon? Sicherlich, ein heller Kopf. Wir haben nicht viele dieses Kalibers. Bloß wollte er stets und über alles Ministerpräsident sein und erst in zweiter Linie den Arbeitern helfen. Wenn er seinen Kopf nicht durchsetzen konnte, tat er Dinge, die nicht nur ihm, sondern auch den Arbeitern schadeten. Stellen Sie sich nur vor, was dieser Mann für die Arbeiterbewegung nicht alles hätte erreichen können! Doch nein, er wollte vor allem die Macht. Ich habe nie verstanden, warum Menschen nur dann Gutes tun zu können glauben, wenn sie die Macht besitzen. Hatte Jesus denn die Macht? Und Hus? War Albert Schweitzer Ministerpräsident? Der Mensch kann im Leben unwahrscheinlich viel Gutes tun, auch ohne goldenen Kragen oder Strumpfbandorden. Das sollte zumindest den Begabten einleuchten!"

Meine Aufzeichnungen enthalten keine Notizen über ein längeres Gespräch zum Thema Humanismus, doch kam Jan immer wieder in knappen Bemerkungen darauf zurück. Aus Gedankensplittern, die er bei unterschiedlichen Anlässen zum Thema äußerte, habe ich ein sinngemäßes Mosaik zusammengestellt.

„Der Humanismus, mein Lieber, beginnt in der Familie. Denn Humanismus ist ja eigentlich nichts weiter, als die Menschen zur gegenseitigen Liebe aufzufordern. Ohne Liebe kann es bekanntlich keine richtige Ehe geben. Natürlich fehlt es nicht an Zeitgenossen, die nur als legalisierte Beischläfer zusammenleben. Ich selbst bin leider in diesem Fach durchgefallen. Doch ist es mir nicht entgangen, daß ein Mann, der sich nur deshalb eine Frau nimmt, damit sie ihm die Unterhosen wäscht, die Socken stopft, das Frühstück zubereitet und eventuell auch seine Kinder zur Welt bringt, gemeingefährlich ist. Ich gebe Ihnen den guten Rat, in der Politik keinem Menschen zu trauen, der seine Frau anschreit. Liebt der Kerl nicht einmal seine eigene Frau, so können Sie natürlich nicht von ihm erwarten, daß er andere Menschen mag. Und mag er Menschen nicht, warum zum Teufel sollte er auch nur den kleinen Finger für sie krümmen wollen? Merken sie sich, Politik ist weiter nichts, oder sollte nichts anderes sein, als die Absicht, den Menschen zu helfen. Ein solches Exemplar wie das eben erwähnte hat in der Politik nichts zu suchen."

„Geordnete Verhältnisse in der Familie, eine harmonische Beziehung zur Frau, zu den Kindern, zu den Eltern — das, lieber Freund, schafft ein tragfähiges Fundament. Wenn dieses nicht vorhanden ist, kann das Leben nicht vernünftig gestaltet werden. Das denkbar geeignetste Übungsgelände findet der Politiker in einer Großfamilie. Man muß wissen, worüber sich Vater und Mutter freuen, man macht sich mit den Bedürfnissen der anderen vertraut, man lernt, daß man im Uhrwerk nur ein Rädchen ist, man erfährt, was Verantwortung bedeutet. Man hat sich nicht bloß um die eigene Person, sondern auch um die anderen zu kümmern. Dies alles wird zu einer ausgesprochen guten Schule. Schließlich ist die Familie die erste Gemeinschaft, in der der Mensch das Zusammenleben lernt."

„Von Familie und Schule hängt vieles ab, wenn auch nicht alles. Manchen eigenwilligen Charakter kann selbst der unfähigste Lehrer nicht kaputterziehen. Also hängt nicht alles davon ab, aber dennoch sehr viel. Ich rege mich immer furchtbar darüber auf, daß Lehrer nicht besser als Tagelöhner bezahlt werden. Menschen, deren Verantwortung im Staat sicherlich am größten ist, auch größer als die eines Außenministers, können mit ihrem Gehalt bestenfalls bis zum zehnten des Monats auskommen. Auch das ist ein Beispiel dafür, wie sehr es unseren Leuten schwerfällt, den Humanismus zu verstehen. Wir müssen in der Familie und in der Schule lernen, wie man seine Mitmenschen lieben soll. Das ist unvergleichlich wichtiger als alles andere."

„Sicherlich fällt die Bildung schwer ins Gewicht. Ohne Bildung kann man in diesem Jahrhundert wohl kaum ein erfülltes Leben führen. Mit der Bildung aber, mein Lieber, hört nicht alles auf. Wissen Sie, diese Intelligenzbestien haben oft das Verhalten von Einsiedlerkrebsen. Sie ziehen sich in ihr Schneckengehäuse zurück, und keiner hat was von ihnen. Was nützt es schon, wenn einer alle Bücher in der Bibliothek des British Museum gelesen hat und die Enzyklopädie in- und auswendig kennt, vielleicht gar von hinten nach vorne aufsagen kann? Dabei lebt er so abgeschieden in seinem Elfenbeinturm, daß er dir nicht einmal einen Stock reicht, wenn du vor seinen Augen ertrinkst. Aus diesem Grunde habe ich unseren Lehrern eingeschärft, es kommt nicht so sehr darauf an, den Kindern alles über Aorist und Plusquamperfekt beizubringen. Was zählt, ist einzig und allein, daß sie aus ihnen Menschen machen. Zwei ganz besondere Menschentypen, die in unseren Schulen gezüchtet werden, verabscheue ich aus tiefster Seele. Der eine ist der sogenannte 'Wissenschaftler'. Er weiß ganz genau, in welchem Jahr die Großmutter Karls des Vierten den letzten Backenzahn verloren hat, wenn ihm aber der Schnürsenkel reißt, ist er völlig verloren. Der andere ist 'der Bürokrat'. Der vergräbt sich unter Bergen von Papieren und Akten, bis er völlig vergessen hat, daß Menschen nicht nur Aktennummern sind. In meinem Ministerium hockt ein ganzer Haufen solcher Leute. Einfach zum Verzweifeln. Jeder läuft mit zwei Notizbüchern herum. Wenn sie aufs Klo müssen, so zücken sie das Notizbuch aus der linken Tasche und machen eine Eintragung: Pinkeln! Und sobald sie sich die Hose zugeknöpft haben, holen sie aus der rechten Tasche das zweite Notizbuch hervor und schreiben auf: 11 Uhr 42 — gepinkelt. Am liebsten steckte ich mir Watte in die Ohren, um nicht mehr hören zu müssen, wie diese Leute papieren knistern. Ein solcher Mensch weiß gar nichts vom Leben. Was kann er da schon über die Menschen wissen? Wenn er aber nichts über die Menschen weiß, wie soll er ihnen noch nützlich sein?"

„Humanismus bedeutet für mich anderen nützen. Man darf nicht nur für sich selbst leben, man muß anderen dienen können. Man sollte überlegen, wie man Mutter das Leben erleichtern könnte; wie es sich einrichten ließe, dem Freund mit der kranken Frau die Sorge um die Kinder abzunehmen, wenn er tagsüber arbeiten muß; wie darauf zu achten wäre, daß im Dorf die Jauchegruben auch weit genug von den Brunnen liegen, um die Kinder nicht dem Typhus auszusetzen; was getan werden könnte, damit auch der Junge aus der armseligsten Kate auf die Universität kommt. An diese und viele andere Dinge mehr muß man Tag und Nacht denken. Darauf müssen wir hinarbeiten und dafür auch zu Opfern bereit sein. Das ist Humanismus und Politik zugleich. Ich war todunglücklich, als man mich vom Klavier fortgezerrt und zu einem Schreibtisch verdonnert hat. Schließlich hätte ich den Menschen auch vom Klavier aus helfen und dienen können. Vielleicht kann ich aber von hier aus wirklich mehr tun. Und auf nichts sonst kommt es an, als nützlich zu sein."

„Nun, mein Lieber, ich bin weiß Gott nur wegen dieser Möglichkeit — den Humanismus in die Tat umzusetzen — in der Politik geblieben. Der Humanismus ist nämlich meiner Ansicht nach nichts Abstraktes, keine idealistische Phantasterei und kein leeres Geschwätz über Verbrüderung. Es gibt auf der Welt sehr viele Leute, deren Familien ich nicht angehören möchte. Doch konkrete Hilfe sollte jeder bekommen, der sie verdient. Das ist es. Ich meine, eine russische Lehrerin, die in irgendeinem Dorf am Ende der Welt ihre Schulkinder entlaust und ihnen das Händewaschen und Zähneputzen beibringt, macht Geschichte im gleichen Maße wie Lenin selbst. Ja, vielleicht noch mehr, da sie kein Blutvergießen verursacht. Irgendwer schrieb einmal — wo ich es gelesen habe, könnte ich mich selbst unter Folter nicht entsinnen, mein Zitatengedächtnis ist unter aller Kritik —, daß eine Frau, die eine zerrissene Schürze flickt, die Welt bereichert. Darin liegt eine große Wahrheit, mein Lieber. Es genügt ja nicht, großzügige Pläne zu schmieden, man muß auch Socken stopfen und Abflüsse reinigen. Der Humanismus verneigt sich vor der unscheinbarsten und gröbsten Arbeit, vor jedem Opfer, vor jeder Dienstleistung. Wer keine Achtung vor solchen kleinen Dingen empfindet, kann den Menschen nicht helfen.''

„Natürlich will die Hilfe organisiert sein. Wir dürfen die Sozialarbeit nicht nur wohltätigen Damen überlassen, die meist aus purer Langeweile von Krankenhaus zu Krankenhaus pilgern und Tabakpäckchen mit dem Konterfei Franz Josephs verteilen. Sie kennen das ja aus dem „Soldaten Schwejk''. Wir dürfen auch nicht den Eindruck haben, wir hätten genug getan, wenn wir einem Bettler zwei Groschen zugesteckt haben. Nach seinem Tode könnte sich ja vielleicht noch heraustellen, daß er in Žižkov eine Mietskaserne besaß und einen armen Teufel, der zum Betteln zu stolz war, hat einfach verhungern lassen. Wie Sie wissen, gehöre ich keiner Partei an. Aber ich stand schon immer den Sozialdemokraten ziemlich nahe und war stolz darauf, daß meine Mutter an jedem Ersten Mai am Arbeiterumzug teilnahm. Ich glaube an einen unblutigen, evolutionären Sozialismus. Ich bin überzeugt, daß man auf diesem Wege tatsächlich den Humanismus in die Sprache der praktischen Politik übersetzen kann. Selbstverständlich hängt eine ganze Menge davon ab, wie der evolutionäre Sozialismus durchgeführt wird.''

„Sie wissen sehr gut, daß ich mir beim Kirchgang nicht die Schuhsohlen abgelaufen und meine Hosen nie an den Knien durchgewetzt habe. Doch an eines habe ich immer geglaubt: Daß uns der liebe Gott alle gleich geschaffen hat, den einen weiß und den anderen schwarz, den einen schön, wie Sie und mich, den anderen pockennarbig. Wenn aber der Frost kommt, frieren wir alle gleichermaßen und wenn die Sonne glüht, packt uns allesamt das Schwitzen. Atmen müssen wir alle, um nicht zu ersticken, und am Ende wird man uns alle zur ewigen Ruhe nach Olšany bringen. Alle sind wir gleich vergänglich und unsterblich. Deshalb darf man seine Mitmenschen nicht versklaven. Deshalb muß jeder, ob nun sein Vater Schornsteinfeger oder Präsident ist, die gleiche Chance auf ein erfülltes Leben haben. Keiner sollte sich für mehr oder besser halten als der andere. Er mag vielleicht mehr wissen, ein feineres Hemd tragen, eventuell geschicktere Hände oder kräftigere Muskeln haben, doch all das verpflichtet ihn lediglich, mehr für jene zu tun, die nicht mit einem gewaltigen Bizeps gesegnet sind und auch nicht in einem so feinen Hemd herumlaufen. Diese Verantwortung begreift aber wohl nur jemand, dem die Menschen nicht gleichgültig sind. Menschen gern mögen und sie lieben, das ist das ganze Geheimnis und wahrscheinlich auch das einzige bewährte Rezept für menschliches Glück. Das gilt ausnahmslos für alle — für mich und für Sie, für Stalin und Truman, für die ganze Welt.''

Zur Judenfrage

Wie ich bereits angedeutet habe, zeigte Jan Masaryk eine ausgeprägte Schwäche für die Juden. Er hat sich oft über ihre besonderen Probleme Gedanken gemacht. Als einer der überzeugten Anhänger des Zionismus half er, wann immer er konnte, dessen Ziele zu verwirklichen. Vor allem aber besaß er eine äußerst klare Vorstellung vom Ausmaß der jüdischen Tragödie, denn sein Mitgefühl für die Juden wurzelte in seinem Humanismus. In den Jahren, in denen mir in seiner Nähe zu wirken vergönnt war, hat Jan Masaryk so häufig mit mir über Juden und Judentum gesprochen, daß allein schon die Notizen zu diesem Thema ein kleines Buch abgeben würden. Hier kann nur ein Bruchteil dieser Aufzeichnungen Verwendung finden, und zwar jener Teil, der meiner Meinung nach seine Auffassung und deren Ursprung wiedergibt.

„Ich war immer der Ansicht, daß die Juden Hilfe verdienen, denn sie hatten sie seit eh und je bitter nötig. Überall bildeten sie eine Minderheit und fast überall eine unterdrückte obendrein. Ich leide nicht an übermäßiger Selbstachtung, aber auf etwas bin ich dennoch stolz: Wo immer ich mit ansehen mußte, wie ein Schwächerer zusammengeschlagen wurde, bin ich dem Angreifer an die Kehle gesprungen. Und Sie können mir ruhig glauben, daß ich es zur Verteidigung der Juden genauso tat. Hätte mein Vater in seinem ohnehin bewundernswerten Leben nichts anderes getan, als sich der Sache des armen Hilsner anzunehmen, so bliebe er für mich allein deswegen der reinste, erhabenste, großartigste Mensch auf der Welt."

„Nichts widert mich so an wie ein Jude, der sich schämt,

103

als Jude geboren zu sein und sich taufen läßt. Tut er es aus Überzeugung, dann alle Achtung! Wie viele solche gibt es aber unter ihnen? Kennen Sie den Witz von den drei getauften Juden? Die drei treffen sich im Café und beichten einander den wahren Grund, der sie zum Glaubensübertritt veranlaßt hat. 'Ich bin wegen meiner Karriere Christ geworden', sagt der erste. 'Ich habe mich wegen meiner Frau taufen lassen', gesteht der zweite. Der dritte aber versichert: 'Ich habe es aus Überzeugung getan'.Worauf die beiden anderen einstimmig antworten: 'Das kannst du einem Goj erzählen!' Ich bin da vorsichtig. Einen Burschen, der sich seines Judentums schämt, betrachte ich als ein Ungeheuer, denn er schämt sich ja seiner eigenen Mutter. Außerdem ist er in meinen Augen auch noch ein Holzkopf, weil er damit Moses und Jesaja verleugnet. Ein Jude hat jeden Grund stolz zu sein, daß er Jude ist. Mein Gott, allein ihre Geschichte! Hitlers Urgroßvater mästete noch die Schweine mit Eicheln im Teutoburger Wald, als die Juden schon Psalmen und das Hohe Lied sangen. Und da kommt einer daher und schämt sich dessen!‟

„Gewiß sind die Juden auch nicht vollkommen. Wie hätte es auch anders sein können? Jeder andere an ihrer Stelle hätte auch Schwächen entwickelt. Sehen Sie sich zum Vergleich nur uns an. Knappe drei Jahrhunderte mußten die Tschechen in Unfreiheit leben, und welche Folgen hat das bereits für ihr Rückgrat gehabt! Dabei ist nicht zu vergessen, daß die Tschechen in ihrem eigenen Land gelebt haben, während die Juden über die ganze Welt verstreut waren, so, als ob man ins Mehl geniest hätte. Und das nicht bloß drei Jahrhunderte, sondern ganze zweitausend Jahre lang. Bei aller Anerkennung für den Absolutismus der Habsburger, waren diese, im Vergleich zur Inquisition, zu den zaristischen Pogromen und zu Hitler armselige Amateure und Pfuscher. Wenn man zweitausend Jahre um sein Leben bangen, seinen Kahn zwischen Pogromen und Ausweisungsdekreten hindurchsteuern, sein kümmerliches Dasein in Ghettos fristen und sich dabei ernähren muß, wie der Herr es eben gerade erlaubt und nicht wie man es möchte −, nun, es hat noch kein Volk und keinen einzigen Menschen auf Erden gegeben, der von all dem nicht ein gerüttelt Maß an Narben davongetragen hätte.

Andererseits haben aber diese zweitausend Jahre den Juden auch Vorteile gebracht. Sie waren gezwungen, geistig reger zu sein als die anderen. Doch meine ich, ein Spinoza, ein Heine, ein Einstein wären auch ohne Ghetto denkbar gewesen... Zudem bin ich überzeugt, daß die Juden auch das humanste Volk der Welt geworden sind. Um nur ein Beispiel zu nennen: Nie zuvor habe ich so sehr vor der Zukunft gebangt wie in jener Nacht nach München. Zufällig war ich bei den Weizmanns zum Abendessen eingeladen und werde nie vergessen, wie taktvoll Weizmann und seine jüdischen Freunde mir damals ihr Mitgefühl gezeigt haben. So mancher hat mir bereits an jenem Tag teilnahmsvoll die Hand auf die Schulter gelegt. Wenn ich heute den Glauben an die Menschheit nicht verloren habe, so verdanke ich das jenem Abend bei den Weizmanns. Damals ist mir eine großartige Eigenschaft der Juden bewußt geworden, von der eigentlich die ganze jüdische Weisheit geprägt ist. Die Juden denken nicht in Tagen und Monaten, sie denken in Jahrhunderten, ja gar in Jahrtausenden. Das, mein Lieber, erweitert den Horizont."

„Sich gegen die Juden wenden, bedeutet für mich, sich außerhalb der Menschheit stellen. Deshalb betrachte ich den Antisemitismus als die größte Barbarei. Mörder, Kannibalen und Antisemiten gehören aus meiner Sicht in ein und dieselbe Kategorie. Hitler war freilich der schlimmste von allen, denn er war zugleich Mörder und Antisemit. Unter die Menschenfresser ist er wohl nur deshalb nicht gegangen, weil er rein zufällig Vegetarier war. Im Grunde genommen ist jeder Antisemit ein potentieller Mörder und gehört hinter Gitter. Außerdem ist Antisemitismus ein Ausdruck der größten Feigheit: Bestialität gegen den geringsten Widerstand. Ein Volk, das dem Antisemitismus verfallen ist, hat eigentlich für jeden anständigen Menschen zu existieren aufgehört."

„Oft habe ich mich gefragt, wie ich mich wohl verhalten hätte, wenn ich als Jude zur Welt gekommen wäre. Hat man mich nicht so oft einen 'weißen Juden' geschimpft? Wie Sie

105

ja wissen, 'schwer zu sein a Jid'. Da haben Sie beispielsweise einen. Er ist in Frankfurt geboren, kennt Goethe auswendig, hat Fichte im kleinen Finger und ist mehr als alle Führer der NSDAP und der gesamte Generalstab der Reichswehr von der deutschen Kultur geprägt — womit ich jetzt die wahre Kultur meine. Da kommt plötzlich jemand daher und teilt ihm mit, was er eigentlich schon längst hätte wissen müssen, daß er nämlich mit seiner Vorstellung Deutscher zu sein im Irrtum ist. Oder da ist einer, sagen wir mal, in Amsterdam oder Warschau geboren, der sich nirgendwo, auch in seinem Geburtsort nicht, so recht zu Hause fühlt. Andererseits weiß er vom Judentum herzlich wenig. Mit einem Schlag entdeckt er, daß er so ziemlich haltlos ist, weder ganz deutsch, noch voll jüdisch, weder Fisch, noch Fleisch — ein Nebbich."

„Lange habe ich es für möglich gehalten, daß ein Jude vom Volk assimiliert werden kann, in dessen Mitte er lebt. So gab es bei uns Juden, deren Großväter ihr Dasein noch im Ghetto verbracht hatten. Daran erinnerte sich aber keiner mehr. Doch eines schönen Tages verlieren die rechtschaffenen Leute die Macht und an ihre Stelle kommt ein Hitler. Was nun? Auch unter anständigen Menschen bringt die Assimilation Schwierigkeiten mit sich. An den Juden in England habe ich das klar sehen können. Manche von ihnen haben es sogar zum *Sir* und *Lord* gebracht. Glauben Sie aber ja nicht, daß all die anderen Lords sie so ganz für voll nehmen. Das scheint sehr tief zu sitzen. Zwar kenne ich hie und da auch eine Ausnahme, aber solche Fälle sind äußerst selten. Im großen und ganzen glaube ich längst nicht mehr an die Möglichkeit einer Assimilation.

Folglich bleibt als einzige Lösung nur der Zionismus. Den Zionisten zolle ich großen Respekt. Allerdings flüchten viele von ihnen vor Pogromen nach Palästina, weil es für sie keinen anderen Zufluchtsort gibt. Bedauerlich. Sie wissen ja, daß man die Juden in Palästina früher fragte, ob sie aus Überzeugung oder aus Deutschland kämen. Ich meine, ein Jude sollte aus freier Entscheidung Zionist sein. Weizmann und andere zionistische Führer — ich kenne sie nämlich alle, und viele von ihnen sind meine Duzfreunde — sind einfach hervorragende Menschen! Ich möchte nur zu gern alles noch

miterleben. Wäre ich vierzig Jahre jünger und säße nicht ausgerechnet in diesem verdammten Ministersessel, ich würde
vielleicht alles andere liegen lassen und ihnen helfen gehen."

„Zionismus, mein Freund, das ist eine große Sache. Denken wir zum Beispiel nur an die Sprache. Seit zwei Jahrtausenden murmeln die Juden überall auf der Welt hebräische
Gebete vor sich hin, meist ohne sie zu verstehen. Und siehe
da, plötzlich können die Knirpse in Tel Aviv in dieser Sprache über Fußball sprechen und sich sogar so wichtige Dinge
sagen, wie, daß man am Arsch geleckt werden soll. Dazu,
mein Lieber, war eine ungeheure Dosis Mut und Energie er-
forderlich. Von dieser Leistung werde ich stets den Hut ziehen. Oder daß Rechtsanwälte, Buchhalter und Kaufleute zu
Bauern, Maurern, also zu nützlichen Menschen wurden. Alle
Achtung! Schwierigkeiten wird es in Palästina mit den Eng-
ländern noch jede Menge geben. Die Briten sind grundan-
ständige Menschen, sobald sie aber Liverpool verlassen und
in einer ihrer Kolonien oder in einem Protektorat leben,
geht man ihnen besser aus dem Weg. Und erst mit den Arabern... Zwar habe ich mich nie gründlich mit dem Problem
befaßt, doch steht fest, daß die Juden mit den Arabern irgendwie einig werden müssen. Dazu werden sie aber ungeheuer viel Takt brauchen. Was immer auch herauskommen
mag, gelohnt hat es sich auf jeden Fall. Einen Judenstaat zu
gründen, das gehört ganz gewiß zu den größten politischen
Gedanken unserer Zeit. Es ist ein Ereignis von solchen Aus-
maßen, daß die Phantasie der Menschen es zu ermessen
nicht ausreicht. Das gilt übrigens auch für viele Juden. Nicht
aber für mich. Ich glaube fest daran und bin eigentlich ein
Zionist."

„Nur der Zionismus kann den Juden Heil bringen. Ihre
Leiden rühren alle daher, daß sie zweitausend Jahre lang ein
unnatürliches Leben geführt haben. Sie gehörten nicht sich
selbst, sie gehörten vielmehr heute dem einen, morgen einem anderen. In ihrem Beutel schleppten sie mehr Zores mit
sich herum als alle anderen. Und was waren das nur für Zores, mein Lieber! Sicher wird es auch jetzt, wo sie ihren eigenen Staat haben und endlich irgendwo wirklich zu Hause

sind, an Sorgen kaum fehlen, aber es werden gewöhnliche Sorgen sein. Und alltägliche Sorgen bewältigen, das hält gesund, den einzelnen genauso wie ganze Völker."

„Die Juden zu einem Volk zusammenzuschweißen wird eine mühevolle Aufgabe sein. Ich kann mir nur zu lebhaft vorstellen, welches Babel dort in den ersten Jahren entsteht. Man wird wohl eine ganze Generation dazu brauchen, oder sogar zwei. Da wird es Juden mit Pajes und ohne Pajes geben, Juden aus Polen und Juden aus Afrika und wer weiß woher noch. Es kann fünfzig Jahre und noch länger dauern, bis die Juden selbst das Bewußtsein gewonnen haben, ein Volk zu sein. Stellen Sie sich bloß den Unterschied in Erziehung, Kultur und Tradition vor zwischen, sagen wir, Cheskel Kopelowicz aus Chust und Einstein, oder zwischen Hubermann und irgendeinem Juden aus Algier. Amerika war das reinste Kinderspiel verglichen mit dem Konglomerat und dem schwierigen Vorgang der Verschmelzung in Palästina, wenn die Juden in ihrem eigenen Staat zusammenkommen. Sie werden dazu Zeit brauchen, viel Zeit. Es wird ihnen aber gelingen. Wenn man sie nur in Ruhe läßt, werden sie es schon zustande bringen, einen wahren Musterstaat zu schaffen. Dessen bin ich sicher.

Doch Vorsicht! Auch die Normalisierung des jüdischen Daseins wird ihre Schattenseiten haben. Genies entstehen gewöhnlich unter Druck. Beethoven, Gauguin, van Gogh —, immer herrschte ein Druck von irgendeiner Seite. Das ist sicherlich mit einer der Gründe für die große Anzahl von Genies unter den Juden. Diese Ursache wird vermutlich nicht mehr wirksam sein. Im zweiten Jahrhundert des jüdischen Staates werden wohl weniger Einsteins, Freuds und Heifetz' zur Welt kommen, hingegen wird es mehr jüdische Bauern, Mechaniker und Tischler geben. Es mag sein, daß die Welt dadurch etwas verliert, die Juden aber werden gewinnen. Ein gesundes Volk braucht nicht allzuviele Wunderkinder. Übrigens wird es, selbst mit einem bestehenden jüdischen Staat, immer noch überall in der Welt Juden geben. Sollen die doch weiter die Wunderkinder hervorbringen!"

„Für alle ihre Spinozas haben die Juden einen zu hohen

Preis gezahlt. Niemand sonst hat so viel Unbill erlitten wie sie. Um mich ein paar Tage ausruhen zu können, fuhr ich einmal mit dem Schiff von England nach Amerika. Unter den Passagieren befand sich eine alte Dame, eine Jüdin, die Hitler überlebt hatte. Eines Tages kam sie an Deck und suchte einen Platz an der Sonne. So bot ich ihr meinen Liegestuhl an. Den Ausdruck in ihren Augen werde ich nie vergessen. Sie war erschüttert, vor Überraschung überwältigt, daß jemand sie noch als Dame betrachtete und sich entsprechend verhielt. Und die Dankbarkeit in ihren Augen, als sie endlich begriff, daß ich nur aufgestanden war, um ihr meinen Platz anzubieten! Ich muß oft an sie denken. Die ganze jüdische Tragödie lag in diesen Augen. Zweitausend Jahre der Angst und Trauer. Ich weiß nicht, was aus der Frau geworden ist, aber ich wünschte ihr, sie könnte irgendwo in Palästina sitzen und ihren Enkelkindern beim Spiel im Sand zuschauen."

„Diese zweitausend Jahre haben die Juden zu überaus komplizierten Menschen gemacht. Die meisten komplizierten Dinge auf der Welt stammen von ihnen. Freud ist ein typisches Beispiel dafür. Nun bin ich überzeugt, daß in Palästina das Leben selbst die Juden von ihrer Kompliziertheit heilen wird. Kurz und gut, dort bietet sich ihnen die einzige Möglichkeit für ein normales, gesundes Leben. Viele von ihnen werden ihre Existenz in Dörfern aufbauen müssen. Zwar bin ich selbst ein Stadtmensch, doch war ich immer schon der Ansicht, daß das Leben auf dem Lande besser und gesünder ist. Und wenn ich gesünder sage, denke ich nicht bloß an das körperliche Wohlergehen."

„Was kann man nur gegen den Antisemitismus tun? Die Menschen, so heißt es, mehr und intensiver erziehen. Sehen Sie sich aber nur all diese Gesellschaften gegen Antisemitismus, Gesellschaften für Menschenrechte, Vereine für und gegen alles mögliche an. Sie wenden sich oft mit der Bitte an mich, bei ihnen aufzutreten und ihren Mitgliedern ein paar Worte zu sagen. Und ich tue es auch. Doch was sehen meine Augen? Es ist dort wie zu Jom Kippur in der Weinberger Synagoge. Ein Oberrabbiner könnte vor Neid erblassen, denn zu den Sitzungen versammeln sich mehr Minjanmänner als bei seiner Neujahrspredigt anzutreffen sind. Lauter Juden. Natürlich gibt es auch unter den Juden eine Handvoll Antisemiten, aber ihretwegen lohnt es sich wirklich nicht, Gesellschaften gegen den Antisemitismus zu gründen. Andererseits wird es wohl nie gelingen, einen potentiellen Nachahmer jenes berüchtigten Julius Streicher zu überzeugen. Neulich hat mir jemand erzählt, in Tel Aviv lebe ein Kürschner, der aus Schakalen Silberfüchse zaubert. Aus toten Schakalen kann man sicher allerlei machen. Denken Sie nur, was deutsche Geschichtsschreiber aus Hitler gemacht hätten, wäre sein Ende nur ein wenig anders verlaufen. Solange ein Schakal aber am Leben ist, kann er weder in einen Schäferhund noch in ein anderes nützliches Tier verwandelt werden. Wenn Sie also die Wahrheit hören wollen: Ich glaube kaum daran, daß man durch Erziehung viel gegen den Antisemitismus ausrichten kann. Günstigstenfalls würde es sich um einen zweifelsohne sehr langwierigen Prozeß handeln. Selbst wenn alle Lügen über die Juden und auch der Antisemitismus aus der Welt geschafft würden, hätte man dadurch die Judenfrage immer noch nicht gelöst. Man kann nämlich die Judenfrage nicht einfach schön verpacken und zur Gretchenfrage reduzieren, wie der Jude sich eigentlich vor dem Antisemitismus schützen könnte. Es wird behauptet, der Antisemitismus habe viel dazu beigetragen, daß die Juden als Volk erhalten geblieben sind. Vielleicht ist etwas Wahres daran, obwohl ich persönlich keinen Zweifel habe, daß sie sich auch ohne Himmlers Hilfe erhalten hätten. Selbst wenn wir irgendein DDT gegen den Antisemitismus erfinden und durch seine Wirkung alle Welt dazu veranlassen würden, jeden Juden einfach zu vergöttern, so wären wir auch damit die Judenfrage nicht los, denn sie ist die Frage eines seit zweitausend Jahren über die ganze Welt verstreuten Volkes, das dennoch niemals das Bewußtsein eingebüßt hat, ein Volk zu sein. Es ist die Frage eines Volkes ohne gemeinsames Land, ohne gemeinsame Sprache, im Grunde genommen auch ohne gemeinsame Religion, das trotzdem ein Volk geblieben ist. Darin besteht die jüdische Frage. Nicht Flucht und auch kein Notausgang. Der Jude muß sich ganz einfach dazu entschließen, sein bisheriges unnatürliches Dasein aufzugeben und dort wieder anzuknüpfen, wo die Geschichte vor zweitausend Jahren eine furchtbare Tat geschehen ließ. Der Jude muß sich entscheiden, ab heute seine Geschichte selbst zu schmieden. Das heißt Zionismus und deshalb bin ich dafür."

„Könnte ich doch nur manche Juden zu Zionisten machen! Ich denke jetzt nicht an jene, die sich krampfhaft bemühen, tschechischer zu sein als Georg von Poděbrad und die Welt um jeden Preis davon überzeugen wollen, daß sie in der Sokol-Tracht geboren sind. Ich glaube nicht, daß es ihnen gelingen wird, aber bitte, versuchen können sie es ja. Mir soll's recht sein. Was ich schwer verdaue, sind jüdische Kommunisten. Sie haben nämlich keine Ahnung, was sie den Juden antun. Sie haben den Antisemitismus in größerem Maße zu verantworten als die Jesuiten und Hitler zusammengenommen. Und was sie sich selber antun, das wissen sie noch weniger. Wenn es mit Hitler einmal vorbei sein und sich in Europa so manches ändern wird, dann gnade ihnen Gott! Oft meinen sie es sicherlich gut, denn es gibt unter ihnen auch ehrliche Leute. Sie glauben an den Kommunismus, weil sie aufgehört haben, an alles andere zu glauben. Sie sind Kommunisten, weil sie genau fühlen, daß sie niemals Tschechen, Polen oder Ungarn sein werden. Verfügten sie über ein Stück Land, das wirklich ihnen gehörte, würden sie vermutlich anders denken. Sobald die Juden ihren eigenen Staat haben, werden sie solches Unkraut dort nicht dulden, dessen bin ich ganz sicher."

Jan breitete die Arme aus, als wollte er alle Schwierigkeiten, die sein Land damals, im Herbst 1947, gerade zu meistern versuchte, auf sich nehmen. Er stand auf, ging zum Fenster und streifte die Dächer der Kleinseitner Paläste schweigend mit einem langen Blick. Zu jener Zeit kam es oft vor, daß er in tiefes Schweigen versank. Plötzlich wandte er sich zu mir:

„Wenn ich nur sicher sein könnte, mein Lieber, daß wir aus all dem mit fliegenden Fahnen herauskommen werden wie die Juden!"

Über den Geist

Über seine Einstellung zur Religion hat sich Jan Masaryk mir gegenüber ein einziges Mal geäußert. Wir kehrten in seinem Wagen vom Militärfriedhof zurück, wo an jenem Tag vier über England abgeschossene tschechische Flieger beigesetzt worden waren. Zwei von ihnen waren Katholiken und zwei Protestanten. So hielten ein katholischer Priester und ein evangelischer Pastor die Grabreden. Die vier Flieger waren mit ihrem Flugzeug verbrannt. Asche war alles, was von ihnen übriggeblieben war.

„Die armen Kerle", sagte Masaryk auf dem Rückweg nach London. „Dem Häufchen Asche ist es sicherlich ziemlich egal, ob ein Priester, ein Pastor, ein Rabbiner oder ein Lama ihm seinen Segen erteilt. Die Kirchen befehden sich im reinsten Freistilkampf. Plötzlich kommt der Sensenmann ganz einfach und legt ihnen ein Häufchen Asche vor die Füße. Da kann keiner sagen, dieser Teil sei jüdisch, jener katholisch und der dort wiederum presbyterianisch." Nach einem kurzen Schweigen fuhr er fort: „Wissen Sie, an Den dort oben glaube ich, nicht aber an Kirchen. Die haben in meinen Augen eine zu große Ähnlichkeit mit politischen Parteien. Jede verkündet, nur sie sei heilbringend und alleinseligmachend. Ich habe mir eine eigene Religion zurechtgezimmert. Für andere taugt sie vielleicht nicht, für mich ist sie sicherlich die richtige."

Das ist alles, was Masaryk mir über seine Einstellung zu Religion und Glauben verraten hat. Ich habe nie gefragt, woran er eigentlich glaube, doch fühlte ich, er hatte alles gesagt, was er sagen wollte. Nun bin ich aber sicher, daß sein Gott ein toleranter himmlischer Vater mit viel Geduld war, der den Menschen wenn nicht gerade alles, so doch vieles verzieh, und der von ihnen verlangte, einander zu achten und zu lieben.

Selbst wenn ich über Masaryks Gedanken zur Religion nicht gerade viel berichten kann, so bot sich mir dafür recht oft die Gelegenheit, mit ihm über Kunst, Musik und Dichtung zu sprechen und ich weiß, wie eng diese Thematik bei Masaryk mit seinem religiösen Denken verbunden war.

Unsere Gespräche darüber begannen bereits im Herbst 1941, als die Feier zum hundertsten Geburtstag von Antonín Dvořák veranstaltet wurde. Ich fungierte als Sekretär des Jubiläumsausschusses, an dessen Spitze Jan Masaryk, Sir Adrian Bolt und Malcolm Sargent standen. Unter Mitwirkung zahlreicher prominenter Vertreter der englischen Musikwelt bemühte sich der Ausschuß, eine dem Andenken des Komponisten angemessene Feier vorzubereiten. Selbstverständlich nahm Masaryk auch an den meisten Konzerten und Vorträgen im Rahmen dieses Festivals teil, wobei ich ihn sehr oft zu den Veranstaltungen begleitete. Nach einem dieser Konzerte, einem Mittagskonzert in der National Galery, bei dem Myra Hess eine unvergeßliche Interpretation von Dvořáks Klavierquintett geboten hatte, nahm mich Masaryk zum Mittagsessen mit. Damals äußerte er sich mir gegenüber zum ersten Mal über Musik.

„Das habe ich auch einmal gespielt." Er bezog sich offensichtlich auf das Quintett, das wir soeben gehört hatten. „Nicht so gut wie Myra, aber so schlecht wiederum auch nicht. Leider bin ich schrecklich faul gewesen. Wissen Sie, Klaviervirtuose zu sein bedeutet weitaus mehr Knochenarbeit, als der Posten eines Außenministers je erfordern würde. Auch ein Minister muß zwar immer wieder einen neuen Anlauf wagen, aber der Klaviervirtuose ist einzig und allein auf sich gestellt. Da helfen weder Berater, noch Sekretärinnen. Ich war zu faul, um ständig zu üben. Wenn ich aber je im Leben wirklich glücklich gewesen bin, so nur in den Augenblikken, als ich am Klavier saß. Auch heute noch, so viele Jahre nachdem ich von der Musik Abschied genommen habe, kann ich an einem Klavier einfach nicht vorbeigehen, ohne wenigstens ein paar Takte zu klimpern. Es ist ein herrliches Instrument. Mozart, Chopin, Smetana — welche wunderbare Klangwelt sie damit geschaffen haben!"

„Lenin sagte einmal, er müsse darauf verzichten, Beethovens Musik zu hören, weil sie ihn zwinge, die Menschen zu lieben. Er fürchtete, er könnte nicht mehr die Härte aufbringen, die Revolution durchzuführen. Hier haben wir im Kern den ganzen Lenin. Die Revolution war ihm wichtiger als die Menschenliebe. Was aber die Musik angeht, so hatte er recht. Beethoven läßt einen tatsächlich die Erde vergessen, erlaubt einem sich von ihr loszulösen, er läßt einen vieles vergessen. Seine Musik vermittelt etwas, was man nicht in Worte fassen kann, in keiner Sprache der Welt. Und man wird regelrecht dazu gezwungen, die Menschen zu lieben. Aus ebendiesem Grund sollten Musikschöpfungen auch gehört werden. In dieser Sphäre wird es mir am deutlichsten bewußt, daß ich mich im Verhältnis zu Lenin am entgegengesetzten Pol befinde. Wäre ich einmal für vierzehn Tage Diktator, so würde ich ein Gesetz erlassen, das alle Untertanen zwischen acht und achtzig verpflichtet, dreimal täglich, morgens, mittags und abends, Mozart zu hören. Sie würden staunen, welche Veränderung diese Musik in den Menschen vollbringt. Wie kann man mit Mozarts Musik in den Ohren einen Krieg vorbereiten? Wie kann man morden, stehlen oder plündern, nachdem man Chopin gehört hat? Versuchen Sie es mal, mein Freund! Wenn es in der Welt ein Allheilmittel gegen jedes Übel gibt, dann ist es nur die Musik."

Während desselben Londoner Dvořák-Festivals bezog er sich einmal auf die politische Bedeutung der Musik. In der Pause eines Konzerts in der Albert Hall dankte mir Masaryk für meine Mitwirkung bei der Vorbereitung der Festtage und meinte:

„Sie sind sich dessen vielleicht gar nicht bewußt, aber Sie haben eine wichtige politische Arbeit geleistet. Dvořák war kein Politiker. Zwar saß er im Wiener Parlament, aber ein Politiker war er sicher nicht, auch kein Botschafter oder Außenminister. Doch kein Diplomat hat für sein Volk eindringlicher und wirksamer geworben, als er es durch seine Musik getan hat. Die Menschen, die da draußen sein Werk hören, vernehmen bestimmt auch, was er sagen will: 'Gebt den Tschechen, was ihnen gebührt!' Gerade um dieser reinen und demütigen Musik willen, werden sie uns mehr lieben und achten. Dvořák, mein Lieber, war unser bester Diplomat. Lebte er heute noch, so würde ich Beneš sofort raten, ihm meinen Posten anzubieten."

Etwa eine Woche später, als wir den Erfolg des Dvořák-Festivals besprachen, kehrte er erneut zur politischen Bedeutung der Musik zurück. Diesmal bewertete er sie aus einem neuen Blickwinkel.

„Mir ist noch keine Studie über den Nationalcharakter verschiedener Völker bekannt, die auf ihre Musik zurückgegriffen hätte. Ich weiß gar nicht, ob sich jemand die Mühe gemacht hat, etwas derartiges zu schreiben. Und dennoch habe ich den Eindruck, daß man die Wesenszüge eines Volkes am allerdeutlichsten an seiner Musik ablesen kann. Nehmen wir beispielsweise die Deutschen. Ich persönlich konnte Wagner nie ertragen. Für mich ist von seinen bombastischen, pseudopathetischen Trompetenfanfaren bis zu Adolfs Tiraden im Sportpalast nur ein ganz kleiner Schritt. Was Wunder also, daß Wagner von Hitler geradezu vergöttert wird. Wagner war einer seiner Lehrmeister, einer seiner unehelichen Väter. Sie könnten mir natürlich entgegenhalten, daß die Deutschen nicht nur Wagner mit seiner Walhalla, sondern auch Bach hervorgebracht haben, nicht nur das Horst-Wessel-Lied, sondern auch Robert Schumann. Da liegt eben die Schwierigkeit mit den Deutschen. Sie sind unberechenbare, hysterische Fanatiker, schrecklich unausgeglichene Menschen. Wohl steckt in jedem von ihnen ein Quentchen Bach mit der Genauigkeit seines logischen Aufbaus, doch in jedem von ihnen kämpft dieses Quentchen gegen Wagners Walhalla-Mystizismus. Wie soll man bloß mit Menschen zurechtkommen, die gleichzeitig Beethoven und Horst Wessel preisen? Um neun Uhr singen sie Ihnen 'Röslein auf der Heiden' vor, um neun Uhr fünfzehn ziehen sie den Kampfanzug an, knallen Sie um neun Uhr zwanzig seelenruhig nieder und spielen dann nachmittags Meyerbeers Trauermarsch für Sie!
Oder nehmen wir mal die Juden. Es gibt verhältnismäßig wenige jüdische Komponisten, die weltberühmt sind. Mendelssohn und Mahler zählen wahrscheinlich zu den größten. Wenn ich nicht irre, waren sie beide getauft. Zwar findet

man in ihrer Musik gewiß ausgeprägte jüdische Züge, bewundernswerte Züge, doch denke ich, man kann den Beitrag der Juden zur Musik mit jenem zu Literatur und Wissenschaft kaum vergleichen. Erinnern wir uns andererseits, wie viele Juden es unter den Virtuosen gibt: Hubermann, Heifetz, Oistrach, Menuhin, Rubinstein, Schnabel, Moisewitsch, Harriet Cohen und so weiter, und so fort. Die Reihe ist schier endlos. Warum ist dem so? Weil sie das feinste Einfühlungsvermögen der Welt besitzen. Niemand kann sich so gut in einen anderen Menschen hineinversetzen wie ein Jude. Deshalb vermag ein jüdischer Interpret einen Komponisten besser, genauer als jeder andere auszulegen und nachzuvollziehen. Ich habe die Gewißheit, daß ein Jude sein Leben viel intensiver lebt als jeder von uns. Auch das läßt sich aus dem jüdischen Beitrag zur Musik herauslesen."

Später haben wir uns recht oft über Musik und Musiker unterhalten. Er erzählte von seiner Mutter, die noch bei Liszt Klavierunterricht genommen hatte. Er gab einige ihrer Erinnerungen an diesen hervorragenden Lehrer zum besten, sprach über seine Eindrücke vom großen Geiger Jan Kubelik, Rafael Kubeliks Vater, den er in seiner Jugend einmal am Klavier begleitet hatte, er schilderte den Musikkreis der eigenen Familie... Leider muß ich einräumen, daß meine Aufzeichnungen zu diesem Thema nur lückenhaft sind, hauptsächlich weil mich besonders politische Inhalte interessierten und ich diese auch vornehmlich zu Papier gebracht habe. Doch auch unter diesen Bedingungen kann ich noch ein bruchstückhaftes Mosaik seiner Gedanken über die Musik zusammenstellen.

„Musik, mein Lieber? Es kann in der Welt nicht genug davon geben. Ich wenigstens könnte ohne Musik nicht leben. Ein gebildeter Mensch sollte das Bedürfnis nach guter Musik genauso zwingend verspüren, wie die Notwendigkeit zu essen, zu trinken und zu atmen. Es sollte ihm nicht minder selbstverständlich sein wie Händewaschen und Zähneputzen. Der Mensch braucht nämlich auch eine Art seelischer Hygiene. Und nichts kann die Seele mehr läutern als gute Musik."

„Leider wissen nur wenige Menschen, wie man Musik hört, ich meine, richtig hört, nicht nur mit halbem Ohr, da hinein und dort heraus. Ja, mein Lieber, sich aufs Hinterteil setzen und die Neunte oder eine Mahler-Sinfonie hören, das ist Schwerarbeit, die schönste zwar, die es nur geben kann, aber dennoch Schwerarbeit. Nicht die moderne Musik meine ich damit, einen Schönberg, Bartók und unseren Hába, oder wie diese Zauberkünstler alle noch heißen mögen. Ich will nicht bestreiten, daß sie hervorragende Komponisten sind. Es scheint aber, als habe ich — und wahrscheinlich viele andere auch — das Gehör auf andere Wellenlängen eingestellt. Denken wir nur an Verdis Requiem. Erst gestern abend habe ich es mir wieder einmal angehört. Da muß man einfach alles andere vergessen. Man verfolgt gesondert den Verlauf jeder einzelnen Stimme, dann entdeckt man, daß die Instrumente ein richtiges Zwiegespräch führen, das in eine Verflechtung der Stimmen mündet. Und während man alles wie von einer Kommandobrücke aus überblickt, läßt man sich vom gewaltigen, herrlichen Strom, den man Musik nennt, dahintragen. Wahrlich, eine schwere Arbeit. Man ist erschüttert, aber hinterher fühlt man sich, als hätte man ein heißes Bad genommen — sauber und wie neugeboren.‘‘

„Wenn ich manchmal in ein Konzert gehe und feststelle, wie wenige richtig Musik hören können, packt mich die Verzweiflung. Wenn sie nicht einmal wissen, wie man Musik zu hören hat, wie kann man von ihnen ein offenes Ohr für all die anderen großen Dinge erwarten, die das Leben erträglich machen? Ich hätte nicht selten Lust, ganz oben, auf der Galerie mit Studenten und Hilfsarbeitern zu stehen. Die wissen nämlich, wie man zuhören muß. Auf den Sperrsitzen und in den Logen hat man in neun von zehn Fällen irgendeinen Snob im Smoking als Nachbarn, der nur deshalb gekommen ist, um am nächsten Tag sagen zu können, er habe gestern Toscanini gesehen, und dann auch noch eine geistreiche Expertenbemerkung zum besten zu geben. Den ganzen Abend raschelt er mit dem Programmheft herum und studiert den ganzen Unsinn aufs aufmerksamste, den die Veranstalter gewöhnlich in diesen Heften drucken lassen. Liest er nicht, so bewundert er sicherlich das Dekolleté des Fräuleins in der Vorderreihe, oder sinniert über irgendein Geschäft, das er morgen abzuschließen hofft. Das ist der Grund, warum ich eigentlich nicht gern zu Konzerten gehe, sondern mir alles lieber am Grammophon anhöre. Da ziehe ich Hausrock und Pantoffeln an, lade einige Freunde ein und bin nicht verpflichtet, all die ausgestopften Schießbudenfiguren im Smoking zu ertragen, die zu Toscanini mit ihren leeren Birnen den Takt vor sich hin nicken, und während das Orchester die Neunte spielt, der Nachbarin aus knisternden Papiertüten Pralinen anbieten. Ich bin völlig einverstanden, daß jeder seinen Kühlschrank und sein Auto hat, vor allem aber sollte jeder ein gutes Grammophon und gute Schallplatten besitzen. Eigentlich müßten die Menschen schon als Kinder lernen, wie man Musik hört. Die Musikerziehung steckt in der Welt — dem Himmel sei's geklagt! — immer noch in den Windeln. Und damit wären wir ja wieder einmal dort, wo wir schon so oft waren, bei den Schulen. Schulen und wieder Schulen. Dort muß der Anfang gemacht werden. Sonst wird es ein schlechtes Ende nehmen. Nicht nur mit der Musik, sondern auch mit allem anderen.''

„Menschen, die Musik nicht mögen, habe ich immer die größte Zurückhaltung entgegengebracht. Etwas stimmt bei ihnen nicht, und zwar etwas wichtiges. Genausowenig wie bei Menschen, die Wiesen, Wälder oder Kinder nicht lieben. Es ist kein Zufall, daß auf dem Lande mehr gesungen wird als in der Stadt. All die schönen Volksweisen verdanken wir überall auf der Welt den Dörfern. Ich bitte Sie, wer singt denn schon in der Stadt? Putzfrauen beim Fußbodenschrubben und Wäscherinnen am Waschbrett. Kleine Leute. Und auch das ist kein Zufall, denn sie sind besser, unverdorbener als die anderen. Wenn ich könnte, würde ich für jeden, der sich um ein öffentliches Amt bewirbt, einschließlich um das eines Präsidenten, eines Premierministers, eines Abteilungsleiters oder Abgeordneten, eine zusätzliche Prüfung einführen und nur jene zulassen, die Musikliebhaber sind. Leuten, die nicht gern Musik hören, traue ich nicht über den Weg.''

Obwohl ihm die Musik am nächsten stand, beschäftigte sich Masaryk oft auch mit anderen Kunstgattungen. Seine Gedanken über Poesie, Malerei, Skulptur oder Architektur standen meiner Meinung nach seinen Einsichten über Musik in nichts nach. Doch muß ich erneut mein Bedauern darüber ausdrücken, daß meine diesbezüglichen Aufzeichnungen beträchtliche Lücken aufweisen. Dennoch glaube ich, daß die wenigen festgehaltenen Sätze einen gewissen Einblick in seine Einstellung zu diesen Kunstformen und zu verschiedenen Kunstwerken vermitteln.

„Ich bin kein außergewöhnlich großer Leser", sagte er zum Beispiel. „Ich habe leider nur zu wenig Zeit und zu viele Sorgen. Die sogenannte 'innere Hygiene' verdanke ich der Musik, und die Sorgen zerstreue ich mir mit Kriminalromanen. Es gibt da aber ein paar Bücher, zu denen ich immer wieder greife. 'Krieg und Frieden', 'Die Großmutter' von Božena Němcová, Turgenjews Erzählungen, einiges von Dickens, Romain Rollands 'Jean Christophe' und natürlich die Bibel. Dort findet man alles. Gedichte habe ich immer nur tschechisch gelesen, denn Poesie bedeutet für mich an erster Stelle Musik, und selbst wenn ich mich in anderen Sprachen ausdrücken und verständigen kann, Musik höre ich allein in der eigenen Sprache. Wir haben eine ausgezeichnete Poesie. Schade, daß sie nicht so einfach zu übersetzen ist. Ich halte die Lyrik für das beste, was der Genius des tschechischen Volkes je hervorgebracht hat und für mindestens so gut wie Dvořák, Smetana und Martinů. Die haben die Welt erobert, weil sie keiner Übersetzung bedurften. Es gibt ein paar Gedichte von Mácha, Erben, Halas, Dyk — politisch gesehen zwar ein Schwein, aber trotzdem ein großer Dichter —, die ich immer wieder lese. Sie stehen alle beisammen in einer Ecke meines Bücherschrankes, und ich möchte sie nicht aus meinem Leben missen. Einmal, wenn ich der Politik *valet* sagen werde, will ich endlich anfangen, viel und gründlich zu lesen. All die Bücher werde ich dann verschlingen, die ich längst hätte lesen sollen. Vorläufig begnüge ich mich mit dieser erlesenen Auswahl, die mir vertraut ist. Ich habe mich mit diesen Büchern angefreundet, denn wir haben uns viel zu sagen. So soll es, meine ich, zwischen Buch und Leser auch sein. Ich rate natürlich jedem, viel mehr zu lesen als ich. Für jenen aber, der nicht viel Zeit, hingegen um so mehr Sorgen auf dem Buckel hat, ist mein Rezept, einige Bücher zu lesen, mit denen man eine innige Freundschaft pflegt, wahrscheinlich nicht das schlechteste. Selbst der ideale Kunde der Buchhandlungen sollte, so glaube ich, ein paar besondere Bücher haben, mit denen er von Zeit zu Zeit wie unter Freunden Gespräche führen kann. Und darunter sollten immer auch ein paar Gedichtbände sein. Das bewundernswerte an der Poesie liegt nämlich nicht nur darin, daß sie reinste Wortmusik ist, sondern auch, daß wir in wenigen Zeilen eine jahrhundertealte Lebenserfahrung geballt finden. Jahrhunderte sind darin zu einem Würfel gepreßt. Das ist die Poesie für mich, zweifelsohne eine großartige Sache. Wieder eines der Dinge, ohne die ich nicht auskommen könnte."

Ich habe Jan Masaryk in London zu verschiedenen Ausstellungen, Filmvorführungen und anderen Kulturveranstaltungen begleitet. Oft waren Masaryks Kommentare so treffend, daß ich einfach nicht umhin konnte, sie niederzuschreiben. Dabei hielt ich allerdings meist nicht seine Äußerungen über bestimmte Künstler fest, sondern die allgemeinen Ideen, die Masaryks Anschauungen klar erkennen ließen.

„Wir sollten der Kunst ein regeres Interesse entgegenbringen als die anderen, denn auf diese Weise kann ein kleines Volk mitunter beweisen, daß es nicht weniger ins Gewicht fällt als die Großen. Denken wir nur an die Griechen oder an die holländischen Maler. Holland und Griechenland waren im Vergleich zu den anderen Zwerge. Das beweist nur, daß auch ein kleines Volk gewaltige Leistungen zu vollbringen vermag, daß auch ein kleines Volk in Wirklichkeit ein durchaus großes sein kann, selbst wenn es nicht über unzählige Kriegsschiffe und riesige Atomwaffenlager verfügt, oder eindrucksvolle Erste-Mai-Paraden auf dem Roten Platz veranstalten kann. Klar?"

„Die Menschen machen sich über die moderne Malerei lustig und schlagen Purzelbäume vor Picassos Gemälden. Ich will keineswegs behaupten, daß ich die Futuristen und all die anderen *Isten* ebensogut wie Rafael oder Rembrandt verstehe. Ich bin ein unkomplizierter Mann und vieles in der modernen Kunst bleibt mir unverständlich. Das heißt aber noch lange nicht, daß ich mich erdreisten würde, Picasso zum Teufel oder ins Irrenhaus zu schicken. Ich kenne auch seine Bilder aus der Zeit, als er noch realistisch malte, und ich halte sie durchwegs für große, eindrucksvolle Werke. Warum sollte ein solcher eminenter Künstler plötzlich zu schwindeln anfangen? Nein, da bin ich viel eher bereit einzuräumen, daß es vielleicht meine Augen sind, die eine zu konservative Sichtweise beibehalten haben. Übrigens habe ich auch in der modernen Malerei manches gefunden, das mir etwas sagt: de Chirico, Utrillo, Rouault. Andererseits aber stimmt es auch, daß mir eine flämische Landschaft doch näher steht als ein blutarmer Hering auf einem Teller oder eine in zwei gespaltene Gitarre. Das mag vielleicht auch nur Geschmackssache sein. Ich nehme an, daß Mona Lisa mir nicht so bewundernswert schiene, wenn sie ein Auge hinter dem Ohr hätte.

Wissen Sie, was Ripka passiert ist, als er aus Frankreich nach England fliehen mußte? Er brachte ein paar Zeichnungen von Šíma mit sich, die er retten konnte, irgendein Porträt oder einen Akt. Die Engländer beschlagnahmten alles, weil sie einfach nicht glauben wollten, daß es sich nicht um wichtige Generalstabskarten handelte. Sich über die moderne Kunst auszulassen ist denkbar einfach. Dabei steht aber fest, daß ein Picasso immer neu ist. Er ist nicht an einem Punkt stehengeblieben, und das allein genügt mir schon als Beweis dafür, daß er kein Schwindler ist. Lassen wir also die moderne Kunst ruhig experimentieren. Wir leben ohnehin in einer Übergangszeit, die sich vielleicht tatsächlich für nichts sonst als für Experimente eignet. Nur keine Bange, die moderne Kunst wird schon den richtigen Weg finden."

„Das gleiche gilt für die moderne Architektur. Auf diesem Gebiet sind wir wenigstens schon so weit, daß die Fachleute darin übereinstimmen, ein Haus sei kein Museumsstück, sondern vor allem zum Nutzen der Menschen da, die es bewohnen. Es ist wichtiger, daß die Frauen zwischen Küche und Speisezimmer keinen Marathonlauf zu absolvieren haben, als daß jedes Klo ein gotisches Fenster hat. Andererseits sollte man aber auch nicht alles dem Komfort opfern. Es gibt nach wie vor so etwas wie die Schönheit der Linie und der Maße, und ihr kommt nicht weniger Bedeutung zu als einem eingebauten Radio."

„Von allen Künsten steht wohl die Bildhauerei dem All-
mächtigen am nächsten, meine ich. Mein Bruder Herbert
war Maler, wie Sie wissen, und ich habe ihm gern bei der Arbeit zugesehen. Faszinierend Zeuge zu sein, wie eine leere
Leinwand zu einem Bild wird. Aber irgendwie vollbringt die
Bildhauerei noch größere Wunder. Da liegt ein Stück formlo-
sen Steins oder ein Klumpen Lehm und verwandelt sich unter den Händen des Künstlers in ein Menschengesicht mit allen Muskeln, allen Runzeln, mit Ausdruck in den Augen...
Ich mußte unlängst Mary Duras Modell sitzen — sie arbeitete
an meiner Büste. Es soll klar sein, daß die Idee nicht von mir
stammt. Ich erinnere mich noch gut an all die Büsten, die
von meinem alten Herrn gemacht wurden und die immer am
28. Oktober mit einem Fähnchen und einem Topf Schnitt-
lauch in den Schaufenstern aller Metzgereien zu sehen waren. Ich habe sie Universalbüsten genannt, weil sie ebensogut
Dvořák, Marschall Foch oder Graf Zeppelin hätten darstel-
len können. Ich kann mich auch für die von der Duras mo-
dellierte Büste nicht sonderlich begeistern. Mir scheint, ich
sehe wie der junge Churchill oder wie Alistair Slim aus. Aber
nicht darum geht es. Während sie mein Gesicht nachknetete,
hätte ich eigentlich arbeiten sollen, aber ich konnte nicht
widerstehen und mußte stets aufs neue das Spiel ihrer Finger verfolgen. Auch wenn ihr mein Kopf nicht sonderlich
gut gelungen ist — sie hat unvergleichlich bessere Skulptu-
ren geschaffen —, war es für mich faszinierend mit anzusehen, was man aus einem Klumpen Erde alles zaubern kann.
So ähnlich hat wohl der liebe Gott die Welt erschaffen. Unter uns gesagt ist ja auch Ihm nicht alles gelungen. Warum
sollte ich also der Duras verübeln, was sie so mit meinem Gesicht angestellt hat?"

Im Jahre 1943 veranstaltete das Britische Filminstitut eine Konferenz zum Thema „Film und Politik". Ich wurde
aufgefordert, einen Vortrag über den internationalen Einfluß des Films zu halten. Als der Text gedruckt und veröffentlicht war, gab ich Jan Masaryk eine Kopie. Einige Tage
später betrat ich sein Arbeitszimmer. Bevor wir zum Thema
unseres Dienstgesprächs kamen, sagte er:
„Ich habe Ihren Vortrag gelesen. Das haben Sie trefflich

formuliert. Ich wäre sogar bereit, es selbst zu unterschreiben. Der Film könnte eine unvergleichliche Kunst sein, die modernste aller Kunstformen, jene die den Menschen des zwanzigsten Jahrhunderts irgendwie am nächsten steht. Aber solange alles überkommerzialisiert bleibt, kann er keine große Kunst werden. Ich habe einige Hollywood-Magnaten kennengelernt. Sooft ich ihnen begegnet bin, haben sie nie über Kunst und immer nur vom Geschäft gesprochen. Natürlich will ich nicht behaupten, sie seien alle finstere Gesellen. Einige machen durchaus den Eindruck anständiger Kerle, doch sie verhalten sich genauso wie viele Regierungen. Sie bringen nicht den Mut auf, die Menschen zu lenken und ziehen es vor, weiter zu wurschteln, den Leuten eben das zu geben, was diese gerne wollen, selbst wenn es an Geschmacklosigkeit kaum zu überbieten ist. Wenn man in Betracht zieht, was alles in ihrer Macht stünde, was sie für Erziehung und Völkerverständigung leisten könnten! Ich gäbe für eine solche Chance ein Jahr meines Lebens! Diese Typen hingegen, wenn Sie den Ausdruck gestatten, scheißen darauf und drehen noch einen schwachsinnigen Cowboy-Film, allein weil er viel Geld einbringt. Engstirnig, kleinlich und dumm!"

Damit sind die Aufzeichnungen meiner Gespräche mit Jan Masaryk zum Thema Kunst fast erschöpft. Die Wurzeln seiner Beziehungen zur geistigen Welt zeichnen sich am deutlichsten in einer letzten Bemerkung ab.

,,Der Mensch lebt nicht von Brot allein, auch nicht nur von Fleisch. Man kann sich sehr wohl an Langusten überfressen. Schließlich und endlich wird solcher Genuß durch Magengeschwüre und Hämorrhoiden gekrönt. Der Mensch muß einfach aufschauen können. Und der Künstler hat mehr als jeder andere die Pflicht, den Menschen zu helfen, den Blick zum Himmel zu richten.''

Länder und Völker

Unter meinen Aufzeichnungen befinden sich zwei weitere Abschnitte aus den Äußerungen Jan Masaryks, die sich in keines der bisherigen Kapitel einordnen ließen. Zur ersten Kategorie gehören Ansichten über verschiedene Länder und Völker, zur zweiten seine Meinungen über herausragende Persönlichkeiten aus allen Bereichen des öffentlichen Lebens. Ich halte es für unerheblich, wann und bei welcher Gelegenheit Masaryk mir diese oder jene Idee mitgeteilt hat. Ich gebe sie daher hier einfach wieder, wie ich sie im Laufe der Zeit vernommen, gesammelt und aufgeschrieben habe.

ÜBER BRITEN UND GROSSBRITANNIEN

„Ich liebe dieses Land, weil meine Putzfrau den Hut nicht ablegt, wenn sie den Fußboden schrubbt und der Installateur, der mir die Wasserspülung im Klo repariert, mir vorerst eine Zigarette anbietet. Ich nehme an, er würde selbst dem König eine 'Player's' anbieten. Das ist Demokratie."

„Für die Londoner Cockneys habe ich eindeutig eine Schwäche, denn sie besitzen einen unwahrscheinlichen Sinn für Humor. Neulich war mit meinem Auto etwas nicht in Ordnung, und so beschloß ich, mit dem Bus zu fahren. An der Haltestelle stand vor mir eine Schwangere. Als wir einstiegen, hörte ich sie jemandem, der ihr nicht Platz gemacht hatte, zurufen: 'Vorsicht, das Baby, mein Herr!' 'Welches Baby?' lachte er. Da klopft sie sich auf den runden Bauch und antwortet: 'Und was meinen Sie ist das da? Ein Bienenstich?' "

„Man kann sagen, was man will, aber die Seefahrt hinterläßt in einem Volk so tiefe Spuren, daß sie nie mehr auszu-

129

löschen sind. Man erzählt sich, die Briten seien deshalb Seeleute geworden, weil ihre Frauen so häßlich waren und nichts sie zu Hause zu halten vermochte. Wer weiß, ob das stimmt. Mir sind jedenfalls einige Frauen begegnet, die wahrscheinlich sehr viele Matrosen ans Festland gefesselt hätten. Das scheint mir aber eher nebensächlich. Wichtig ist, daß man den Nationalcharakter der Briten durch ihr Leben auf offener See erklären kann. Sie reden nicht viel. Wie sollten sie auch? Die hohe See läßt sich im Sturm nicht überschreien. Sie verfügen über eine scharfe Beobachtungsgabe und halten nicht viel von Planung. Wozu sollte man auch im voraus planen, wenn das Meer noch ruhig ist? Bricht dann ein Sturm los, wissen sie sich zu helfen. Dann zeigt sich ihre Meisterschaft — im Improvisieren, etwas was sie besser können als alle anderen. Sie verlassen sich auf den Kapitän, das heißt, die Politik überlassen sie den paar hundert Käuzen in Westminster. Solange alles in Ordnung ist, scheren sie sich um gar nichts. Sobald der Kapitän aber gefährliche Gewässer ansteuert, spüren sie Riffe und Sandbänke wie echte Seebären. Dann pfeifen sie den Kapitän aus — kaufen ihm aber ein Haus auf dem Lande und erheben ihn in den Adelsstand — und suchen sich einen neuen Kapitän. Solange er sich vom gesunden Menschenverstand leiten läßt, bleibt er für sie der erste nach Gott. Sie sind sehr anständig, sehr diszipliniert. Befiehlt der Kapitän, daß ab morgen, Punkt 12 Uhr Greenwich-Zeit, alle anfangen müssen, Fettaugen aus der Suppe zu fischen, so werden unverzüglich Fettaugensammelstellen eingerichtet und niemand würde sich auch nur für einen Augenblick vorstellen, daß ein einziges Fettauge verloren gehen könnte. All das hat seine Wurzeln in der Seefahrt, im Leben auf dem Schiff. Und noch etwas verdanken sie der Seefahrt: Sie hat ihnen beigebracht, in kontinentalen und globalen Maßstäben zu denken. Manchmal frage ich mich, warum Urvater Čech nicht so viel Verstand hatte, noch einige Schritte weiter zu wandern und sich irgendwo an der Küste niederzulassen. Leute ohne Meer laufen oft Gefahr zu glauben, Kunratice sei der Nabel der Welt."

„Ich bezweifle, daß es in Großbritannien jemals zu einer Revolution kommen wird. Da hat der alte Marx sich ganz schön verrechnet. Ich meine, die Menschen in diesem Land haben zuviel gegenseitigen Respekt, als daß sie eine Revolution auch nur in Erwägung ziehen würden. Außerdem ist die Überzeugung, daß sich mit gesundem Menschenverstand alles lösen läßt, tief in ihnen verwurzelt. Ein glückliches Land. Es hat schon unzählige soziale Wandlungen ohne Tränen und Blutvergießen durchgemacht und es wird noch viele auf diese Weise bewältigen.

Revolution in Großbritannien? Das, lieber Freund, wäre eine wohlgeordnete Angelegenheit und nicht einmal die Polizei hätte Grund einzugreifen. Da müßte zuerst jemand einen Vorschlag unterbreiten, ein anderer müßte ihn befürworten, dann würde die Sache von allen Seiten beleuchtet und durchdiskutiert. Es würde sich kaum vermeiden lassen, den Einfluß der Revolution auf die Preise für Tabak, Eier und Speck in Rechnung zu stellen, ihre Einwirkung auf Hunderennen, Fußball-Pokalspiele und weitere lebenswichtige Dinge dieser Art zu erwägen. Dann würden der Erzbischof von Canterbury, G.B. Shaw, Agatha Christie, der BBC-Brain-Trust und der Kapitän der führenden Cricket-Mannschaft zu Rate gezogen. Und was würden erst recht die Liga für Menschenrechte, der Interessenverband der alten Jungfern, die Heilsarmee, die Leitung des Heimes für herrenlose Hunde in Battersea, die Vegetarier, Esperantisten, die Feuerwehr und der Samariterbund noch alles dazu sagen. Vielleicht habe ich noch jemanden zu nennen vergessen. Bis aber all diese Debatten und Beratungen zu einem Abschluß kämen, wäre mit Sicherheit schon Samstag und die Revolution müßte vertagt werden, weil 'Arsenal' gegen 'Liverpool' ein Spiel auszutragen hat. Und Montag würde man die Debatte in Form von Leserbriefen an die Redaktion der 'Times' fortsetzen. Ich denke mir oft, die Kommunisten fühlen sich vermutlich wie Salomon, als er über die Vergeblichkeit aller weltlichen Dinge nachsann."

,,Die Briten sind meiner Ansicht nach die wohl ausgeglichensten Menschen der Welt. Trotz alldem, was sie uns in München angetan haben, halte ich sie doch für zuverlässiger als die anderen. Für mich stehen die Briten im totalen Gegensatz zu den Deutschen. Ich kann mir nicht helfen, ich mag sie ganz einfach."

ÜBER DEUTSCHLAND

„Ob die Deutschen jemals Verstand annehmen werden, bleibt eine offene Frage. Diese ungeheure Unmenschlichkeit steckt so tief in ihnen, daß man vermutlich Jahrhunderte brauchen wird, um sie umzuerziehen. Solange wir diese Umerziehung nicht durchgeführt haben, müßte man ganz Deutschland zu einem einzigen großen Irrenhaus erklären, es mit einem eisernen Gitterzaun und einem Stab kräftiger Krankenpfleger versehen, der die Patienten betreuen würde. Wahrscheinlich können sie gar nicht anders. Sie brauchen die ständige Spannung, fortwährend hin- und hergezogen zwischen Bismarck und Kant, zwischen Barbarossa und Bach, zwischen Hitler und Thomas Mann. Alle bewundern gleichzeitig Goethe und Friedrich den Großen. Und schließlich siegt in jedem von ihnen 'Deutschland, Deutschland über alles'. Sie sind so schrecklich unausgeglichen, daß selbst die liberalsten unter ihnen letztlich mehr vom Ruhm des Reiches als von Mozart beflügelt werden.‟

„Sehen Sie, was mir heute Ernest Newman‟ − ein bekannter englischer Musikkritiker − „geschickt hat. Ich kann mir keine bessere Veranschaulichung des vorhin Gesagten vorstellen. Richard Wagner, ein genialer Strolch, hat Tagebuch geführt. Lesen Sie nur: 'Dieser ehrgeizige Junker, der seinen schwachsinnigen König auf eine niederträchtige Weise hintergeht...' Das bezieht sich auf Bismarck. Oder hier: 'Die Deutschen sollten zu Hause bleiben und ihre angeborenen Tugenden pflegen, anstatt sich Träumen von einem europäischen Reich hinzugeben, wie sie es seit dem Mittelalter getan haben... Es sind vor allem die Preußen, die dominieren wollen... Wenn der preußische Geist Deutschland erfassen sollte, dann wird mein Deutschland für immer vernichtet sein.' Und hier sagt Wagner über die Deutschen haargenau das, was ich denke: 'Sobald der Durchschnittsdeutsche von der Sehnsucht nach deutschem Ruhm erfaßt wird, entdeckt auch der friedlichste unter ihnen den Herrschaftsinstinkt und den Willen, andere Völker zu beherrschen'. Gut, was? Ein fabelhafter Kerl, dieser Wagner, nicht wahr? Ich hätte es nicht besser sagen können als Wagner Anno 1865. Dreizehn

Jahre später veröffentlichte er sein Tagebuch. Aber machen Sie sich keine Illusionen, Sie werden von all dem, was ich Ihnen soeben vorgelesen habe, in dem Buch nichts finden. Wieso? Ganz einfach. Dazwischen liegt nämlich das Jahr 1870. Bismarck war Herr der Lage, folglich hörten die Preußen auf, für den guten Deutschen Wagner anstößig zu sein. Mehr noch, er schämte sich sogar seiner früheren Ansichten. Mit einem Mal akzeptierte er nicht nur Bismarck und das ganze Preußentum, sondern zollte ihm auch den gebührenden Beifall. Da haben Sie es. Wir haben es selbst erlebt, daß mit vielen sogenannten 'guten Deutschen' dasselbe geschehen ist. Sie hatten Hitler beschimpft, nicht anders als Wagner es mit Bismarck getan hatte. Sobald er aber die ersten Erfolge zum Ruhm der Walhalla vorweisen konnte, billigten sie den Anstreicher und priesen ihn hoch. Narren, unberechenbare Schizophrene, gefährliche Irre."

„Ich war nie gut in Chemie, aber ich denke, es ist kein Irrtum, wenn ich behaupte, daß Deutschland einen Destillierungsprozeß durchmachen muß, um all die Streichers, Horst Wessels und Heydrichs auszuscheiden. Es wird ein sehr langwieriger Prozeß sein und ich gestehe unumwunden, daß ich an seinem vollen Erfolg so meine Zweifel habe."

ÜBER RUSSLAND
VOR UND NACH DER REVOLUTION

„Wohl habe ich selbst Rußland vor der Revolution nicht gesehen, kenne es also nur aus den Schilderungen meines Vaters. Er betonte stets zwei Dinge. Erstens, daß das Zaren-Rußland geistig eigentlich nicht zu Europa gehört hat, und zweitens, daß es, politisch gesehen, eine reaktionäre, unsoziale, auf Imperialismus gründende Großmacht war. Ich habe nie aufgehört, dieses Bild vom zaristischen Rußland mit dem heutigen Sowjetrußland, wie ich es kenne, zu vergleichen. Vielleicht ist meine Beobachtungsgabe nicht eben umwerfend, doch kann ich in der Denkweise der Russen noch immer nichts ausgesprochen Europäisches entdecken. Sowjetische Diplomaten, mit denen ich in Berührung gekommen bin, hatten sich freilich gewissermaßen europäische Diskussionsmethoden angeeignet, doch waren sie nicht bereit, auch nur eine einzige der in Europa vorherrschenden Grundideen zu übernehmen. Nicht einmal die Ideen der französischen Revolution, die, wie alle marxistischen Kapazitäten bestätigen, ein notwendiger Wegbereiter der russischen Revolution gewesen ist. *Liberté, égalité, fraternité* — wo findet man das in ihrem Wörterbuch? Freiheit für die Letten, Gleichheit für die Litauer, Brüderlichkeit mit den Esten? Nicht doch! Für mich sind also die Russen immer noch Asiaten. Das wäre aber noch gar nicht das Schlimmste. Schließlich ist die Denkweise der Briten auch eine andere als die unsere, hier, auf dem Festland. Für die Amerikaner gilt im übrigen dasselbe. Und dennoch können wir mit ihnen in Frieden zusammenleben und arbeiten, einander achten und uns wie Brüder verhalten. Ich kann Neger lieben, und auch Araber, Chinesen und Indianer. Mit den Russen aber ist es nicht so einfach. Es gibt nämlich Asiaten und Asiaten. Li Tai-peh und Dschingis Khan. Die Russen scheinen sich auch nach der Revolution nicht für den ersteren entschieden zu haben. Für mich ist Rußland auch nach der Revolution die gleiche imperialistische Großmacht geblieben, die es früher war. Ich sollte es vielleicht anders sagen: In sozialer Hinsicht hat sich in Rußland nach der Revolution sicherlich sehr viel geändert. Politisch gesehen dagegen reichlich wenig. Zumindest gilt das mit Blick auf die Außenpolitik. Der Muschik ist frei. Eine große Leistung, die vielleicht, ich betone, vielleicht sogar schon all das Blutvergießen rechtfertigt. Aber frei wofür? Um ein Werkzeug im Dienste des Imperialismus zu werden? Sie haben den Analphabeten das Lesen beigebracht. Auch eine große Leistung. Was dürfen sie aber lesen? Lenin und die Fünfjahrespläne? Bestenfalls auch sogenannte Romane, die wiederum nichts weiter sind als Lenin und Fünfjahrespläne im Sonntagsgewand. Zur Zarenzeit lebten die Russen in Finsternis. Leben sie heute etwa im Licht? Aus den Muschiks sind Ingenieure, Bauleute, Wissenschaftler und Generale geworden. Von der Welt sind sie aber nach wie vor abgeschnitten und wissen dürfen sie auch nur das, was man ihnen vorzusetzen beliebt. Eine gewisse Verantwortung dafür trägt möglicherweise auch der Westen wegen der Quarantäne nach dem Ersten Weltkrieg. Ich war nie ein Anhänger dieser Politik des *cordon sanitaire*. Doch haben wir es ja miterlebt: sooft der Westen diese Schranken aufgehoben hat, wurden sie vom Kreml schleunigst wieder aufgerichtet. Demnach hätte er sie wohl von Anfang an auch ohne Mitwirkung des Westens aufgebaut. Kurzum, wenn ich eine Bilanz ziehen sollte, sehe ich keinen bedeutsamen politischen Unterschied zwischen dem Rußland der Zaren und dem Rußland der Sowjets, am allerwenigsten in seiner Einstellung zur restlichen Welt. Im eigenen Haus haben sie vielleicht manches besser gestaltet, das schlägt aber in ihren Beziehungen zu anderen Völkern ganz und gar nicht durch."

„Meiner Überzeugung nach droht eine der größten Gefahren für Europa von der Ähnlichkeit zwischen Russen und Deutschen. Die Deutschen sind so etwas wie europäische Asiaten. Sie neigen zum Mystizismus und bewundern sogar Dschingis Khan. Das zieht sie immer wieder zu den Russen hin. Wir haben es im Ersten Weltkrieg gesehen und dann im Zweiten bestätigt bekommen, als Ribbentropp seinen Rheinwein mit Molotows Wodka mischte. Ein ganz fürchterliches Getränk. Gleichwohl sollte es mich nicht wundern, wenn man es uns auch in Zukunft noch zumuten würde."

ÜBER AMERIKA

„Amerika ist ein fabelhaftes Land. Mit vielen Unzulänglichkeiten, mit schrecklich vielen Mängeln. Trotzdem liegt letzten Endes dort die einzige Hoffnung der Zivilisation. Ein junges Land, gesunde Menschen. Sie sehen aus, als habe man sie soeben aus dem Gefrierschrank geholt, neu und unverbraucht. Ein reiches Land, nicht erschöpft. Ein riesiges Labor, in dem alle aus Europa importierten Dinge, die guten und die schlechten, durch eine gewaltige Mischung umgewandelt werden. Leider jagen die Amerikaner immer noch zu sehr dem Dollar nach. Business, Business über alles. Und immer noch schätzt man den Einzelnen ausschließlich nach seinem Jahreseinkommen ein. Der da ist ein Zehntausend-Dollar-, jener sogar ein Dreißigtausend-Dollar-Mensch. Neben diesen gibt es auch einen neuen Schlag von Amerikanern, Menschen wie Roosevelt, Winant, Marshall, aber auch Lippman, Steinbeck, Thornton Wilder. Ich kenne eine ganze Reihe von ihnen. Es sind wunderbare Menschen. Allerdings ist man noch nicht davon abgekommen, wichtige Posten mit unerfahrenen Leuten zu besetzen. Eben diese mangelnde Erfahrung, in den meisten Fällen durch die andauernde Isolation bedingt, ist wohl die Schwäche im politischen Leben Amerikas, die am schwersten in die Waagschale fällt. Andererseits lernen die Amerikaner überaus schnell, und haben sie einmal etwas erfaßt, überflügeln sie bald auch ihre Lehrer. Sie wissen ganz einfach, wie man Rekorde bricht. Ließe sich englische Erfahrung mit amerikanischer Leistungsfähigkeit verknüpfen, bliebe einem die Angst um die Zukunft der freien Welt erspart. Diese mangelnde Erfahrung wird die Amerikaner noch sehr viele Fehler kosten, das ist mir recht klar. Aber sie verhalten sich wie Ingenieure, die aus Konstruktionsfehlern lernen. Der nächste Bau oder die nächste Maschine wird besser gelingen. Kurz und gut, ich glaube an sie, ich glaube an Amerika."

ÜBER ANDERE LÄNDER

F r a n k r e i c h

,,Frankreich ist mir, offen gestanden, nicht ans Herz gewachsen. Vielleicht konnte ich deshalb nie so gut französisch sprechen wie englisch, obwohl man mir eine besondere Sprachbegabung bescheinigt. Um meinen Bedenken gegen die Franzosen auf den Grund gehen zu können, müßte ich vermutlich Franzose sein, da diese doch ohne Zweifel die besten Analytiker der Welt sind. An Haarspalterei übertrifft sie kaum jemand, bedauerlicherweise gelingt es ihnen aber hinterher nicht mehr, die einzelnen Teile wieder zusammenzufügen. Sie haben unglaublich wenig konstruktive Fähigkeiten. Es ist nicht auszuschließen, daß sie für mich einfach zu kompliziert sind. Ich bin nämlich ein Mann von schlichtem Geist. Zudem findet man bei den Franzosen erschreckend wenig Stabilität und übermäßig viele jener *hors-d'oeuvres.* Die französische Kunst bewundere ich, vor allem die aus dem 19. und 20. Jahrhundert. Rodin liebe ich wirklich. Und unter den Schriftstellern, denen in meinem Haus ein Ehrenplatz eingeräumt ist, befinden sich auch einige Franzosen. Wenn es aber um das Volk geht, um die Franzosen selbst, so ziehe ich allemal die Briten vor. Sicherlich habe ich viele schöne Tage in Paris und in Frankreich verlebt, doch waren sie immer von einer ausgesprochenen Ferienstimmung geprägt. Ich habe mich dort auch niemals ganz sicher gefühlt. Ich bin, mit Verlaub, der Ansicht, man dürfte in Paris keine internationalen Konferenzen einberufen. Wie soll man sich dort auf ernste Arbeit konzentrieren können? Da scheint ja der Champagner in der Luft zu liegen. Wer kann schon einen Konferenzsaal ertragen, wo doch Montmartre um die Ecke liegt? Dieser ganz eigenartigen Atmosphäre entgeht man auch im entferntesten Winkel von Paris nicht vollends. Zumindest was mich betrifft, ich kann mich wo immer in der Welt besser konzentrieren als in Paris."

S c h w e d e n
„Die Schweden veranschaulichen als klassisches Beispiel, was mit einem Volk geschehen kann, wenn es ihm zu lange zu gut gegangen ist. Aus Wikingern wurden Kugellagerproduzenten, und statt Strindberg wird Butter geliefert. Der Mensch lebt aber nicht von Butter allein. Sie haben vielleicht die stabilste Demokratie in Europa und das fortschrittlichste Sozialversicherungssystem. Doch frage ich mich immer wieder, ob es ihnen tatsächlich wohl zumute war, als sie während der beiden blutigen Kriege hinter dem Ofen hockten und sich an ihrem reichgedeckten Tisch gütlich taten. Ein Mann von echtem Schrot und Korn, der einer Rauferei zusieht, muß wohl für den einen oder den anderen Partei ergreifen. Tut er es nicht aus anderen Gründen, so wenigstens um ein reines Gewissen zu haben. Er kann nicht denjenigen, der im Recht ist, kurzerhand im Stich lassen, ohne sich auch nur im geringsten für ihn einzusetzen. Man kann nicht als unbeteiligter Beobachter abseits stehen, während Millionen unschuldiger Menschen, während zahllose Kinder gemordet werden. Im Leben muß jeder den Mut haben, für etwas zu kämpfen. Man sollte auch für etwas anderes leben als für Smoerrebroed. Die Norweger stehen mir da schon näher. Sie sind ärmer und... sie haben gekämpft."

I t a l i e n
„Ein herrliches Land, wohl eines der schönsten! Von vielen wird es allerdings bloß als Bildergalerie oder als Museum

gesehen, nicht aber als ein lebendiges Land. Das ist ganz gewiß ein Fehler, denn in Italiens Politik spielen sich eine Menge interessanter Prozesse ab und werden sich in Zukunft noch abspielen. Zudem trifft man dort auch eine Handvoll tatsächlich hervorragender Europäer wie Sforza und Benedetto Croce. Solche Menschen sollten die Italiener eigentlich von ihrer Bewunderung heilen, die sie Operettengestalten und Pseudo-Cäsaren vom Schlage eines Mussolini gezollt haben, und die sie anscheinend dann und wann wie eine Epidemie befällt. Die Italiener laufen immer Gefahr, sich von irgendeinem Gondoliere mit der Stimme eines Heldentenors herumkriegen zu lassen. Erinnert man sie aber rechtzeitig daran, daß ihr Land im Grunde genommen auch dasjenige Dantes und Michelangelos ist, so sind sie ohne weiteres imstande, noch Bedeutendes zu leisten."

S p a n i e n
„Zweifellos bildet Spanien eine Enklave des Mittelalters im modernen Europa. Man denke nur an die Stierkämpfe und an Franco. Ein pathetisches Land! Manchmal wünschte ich mir, die Landkarte der Welt zu ändern und Spanien anderswohin verlegen zu können. Ich würde mich sicherlich sehr schämen, sollte ich eines Tages der Verbündete des Torero Francisco Franco sein müssen. Und wie Europa heute aussieht, könnte ich mir gut vorstellen, daß eine solche Gefahr nicht auszuschließen ist."

R u m ä n i e n
„Wissen Sie, wo in der Welt die tiefste Finsternis zu finden ist? Ich habe immer gedacht, es müßte irgendwo, um Mitternacht herum, in einem Tunnel oder im Hintern eines Negers sein. Dann kam ich aber nach Rumänien und stellte fest, daß die Finsternis dort noch viel tiefer ist. Vom Briefträger bis zum König herrscht Korruption. Um lese- und schreibkundige Menschen zu finden, braucht man eine Lupe. Um aber einen einzigen ehrlichen Menschen aufzuspüren, dazu muß man schon zum Mikroskop greifen. Auf Schritt und Tritt stößt man auf Antisemitismus und all die anderen Relikte des Mittelalters. Wahrlich, ein ideales Treibhaus für Totalitäre aller Schattierungen."

Ein großer Teil dessen, was mir Jan Masaryk im Laufe unserer Gespräche mitgeteilt hat und was ich dann aufgezeichnet habe, ist vom Geist jener Zeit geprägt. Rumänien unterscheidet sich heute wesentlich von jenem der Kleinen Entente, das Masaryk gekannt hat; Deutschland und Spanien haben sich seit jenen Tagen, als diese Bemerkungen fielen, grundlegend verändert. Heute kämpft die Welt mit neuen Problemen, die ihr zu den alten aufgebürdet worden sind. Da mir diese Äußerungen als wichtige Ergänzungen zu Jan Masaryks Gedankenwelt erschienen, beschloß ich, nur solche Gedankengänge wegzulassen, die für seine damaligen Anschauungen untypisch waren, oder die heute offensichtlich überholt sind.

Nach demselben Kriterium bin ich auch im nun folgenden Kapitel vorgegangen, in dem ich Masaryks Einschätzung einiger berühmter Zeitgenossen und vor allem Staatsmänner wiederzugeben bemüht war. Über manche von ihnen hätte er später vielleicht seine Meinung revidiert, in anderen Fällen hingegen überrascht sein beinahe prophetischer Scharfblick. Obwohl vieles an Frische verloren hat, ergänzen diese Gedanken Masaryks politisches und geistiges Profil dennoch auf das sinnvollste.

Zudem läßt sich aus diesen Gedanken leicht herauslesen, wer ihm von den späteren Staatsmännern entsprochen hätte. So bin ich überzeugt, daß er mit John F. Kennedy gut ausgekommen wäre, obwohl er dessen Vater gehaßt hat, sofern er natürlich eines solchen Gefühls fähig war.

Staatsmänner und Politiker

Roosevelt

„Er war der energischste Mensch, dem ich je begegnet bin und wohl auch der größte Staatsmann. Ich hatte das Glück, viele Persönlichkeiten kennenzulernen, die Schlagzeilen machen, aber keiner hat mich so nachhaltig beeindruckt wie Roosevelt. Ein Kopf wie Lincoln. Mit Sicherheit einer der größten Präsidenten, die Amerika je gehabt hat. Der, mein Freund, arbeitete nicht nur für zwei, sondern gleich für eine ganze Armee. Und das, nicht zu vergessen, zur Hälfte gelähmt. Ich habe ihn im Schwimmbad gesehen und weiß also auch um die physischen Schwierigkeiten, die er bei jeder Bewegung zu überwinden hatte. Und mit welcher Ruhe er dabei den Regierungsgeschäften nachging! Mein Vater schrieb einmal: 'Mensch, rege dich nicht auf, denn du bist ewig'. Roosevelt verkörperte geradezu diesen Rat. Wenn er seinen Freund Harry Hopkins mit Aufträgen entsandte, bestand er stets darauf, daß einer seiner Ärzte mitfuhr. Er dachte an alles, an kleine Dinge ebenso wie an die großen. Er besaß beinahe so etwas wie das zweite Gesicht. Stets wußte er die richtigen Leute für eine bestimmte Aufgabe zu finden. Wenn er eine Entscheidung zu treffen hatte, dachte er Tag und Nacht darüber nach. Unterlief ihm aber ein Fehler, so hatte er auch den Mut, ihn einzugestehen. Obwohl ich nicht viel jünger war als Roosevelt, fühlte ich mich jedesmal, wenn ich ihm begegnete eher wie ein Sohn, der sich von seinem Vater Rat holt. Ich nehme an, daß recht viele Menschen Roosevelt ähnliche Gefühle entgegenbrachten. Daß ein Mann in meinem Alter sich verwaist fühlen kann, ist wohl ein recht seltener Fall, und dennoch war das meine Empfindung, als Roosevelt starb.

Ich habe auch Roosevelts Gegenkandidaten gekannt: Wilkie, Dewey, Stassen und wie sie alle hießen. Neben ihm wirkten sie durchweg wie zweite Geigen eines Kurorchesters, die sich mit Jascha Heifetz messen wollen."

B e n e š

,,Ein Eindruck, der unter den Leuten vorzuherrschen scheint: 'Beneš fehlt es an Menschlichkeit'. Es mag auf den ersten Blick stimmen. Er hat die Art eines Professors, er ist der Typ des Kantors, der einem für jeden Furz siebenundzwanzig Gründe aufzählt. Obendrein spricht er mit einem etwas näselnden Tonfall. Aber Vorsicht, mein Lieber, in Wirklichkeit ist Beneš sogar überaus menschlich. Wissen Sie, er wollte immer Kinder haben. Bloß sind das Dinge, bei denen auch siebenundzwanzig Gründe nicht helfen. Sie sollten ihn mal sehen, wenn er mit seinem Hund spielt. Den Menschen in seiner unmittelbaren Umgebung gegenüber ist er unglaublich geduldig und nachsichtig, manchmal sogar zu nachsichtig. Er würde, ich möchte beinahe 'leider' sagen, nie ein ordinäres Wort aussprechen, mich aber läßt er vom Arsch reden, so lange ich es nur will. Sie können mir ruhig glauben, in ihm steckt viel Menschlichkeit. Was unmenschlich anmutet, das ist seine Arbeitskraft. Sechzehn oder achtzehn Stunden am Tag sind bei ihm nichts Außergewöhnliches. Und dabei geht er verblüffend systematisch vor. Bei ihm muß alles in ein System eingeordnet werden, alles wird notiert. Doch glauben Sie ja nicht, er gibt sich mit dem Sammeln dieser Notizen zufrieden. Mit seinem ungemein scharfen Gedächtnis weiß er sofort, woher er jeden Ziegel zu nehmen hat, sooft er ein gedankliches Gebäude errichtet. Er weiß immer ganz genau, in welches Fach er greifen muß."

,,Beneš ist ein Professor. Weil er seine Gefühle nie zeigen kann, halten ihn die Menschen für einen trockenen Patron. Er baut zu sehr auf seinen Kopf. Mitunter meine ich, er denkt sogar im Schlaf. Es gab Zeiten, da irritierte er mich auch. Für meinen Geschmack hatte er zu viel von einem Klassenersten. Als ich ihn einmal fragte, warum er eigentlich nie auch nur ein einziges Gläschen Whisky trinke, entgegnete er: 'Der Mensch sollte nicht mehr als eine Leidenschaft haben. Der eine trinkt, der andere steigt den Frauen nach,

ein dritter spielt Karten. Ich befasse mich eben mit Politik.'
Seither verstehe ich alles!"

„Beneš ist ein großer Staatsmann. Ich verrate Ihnen ein Geheimnis: Manchmal bedauere ich, daß er ein Tscheche ist. Wäre er in einem der großen Länder zur Welt gekommen, so hätte er viel mehr dazu beitragen können, der Welt ein anderes Gesicht zu geben. Er hat nämlich das Zeug dazu."

Der norwegische König Haakon

„Könige und königliche Familien habe ich nie sonderlich bewundert. Wenn mir aber unter den gekrönten Häuptern jemand gefällt, so ist es Haakon. Er sagte mir einmal: 'Wissen Sie, ich habe nicht immer damit gerechnet, König zu werden. So hat meine Erziehung etwas anders ausgesehen als die meiner Kollegen auf den Thronen Europas.' Möglicherweise gefällt er mir gerade deswegen so gut. Übrigens hat der jetzige englische König ja auch nicht wissen können, daß er den Thron besteigen würde. Das scheint also doch eine Rolle zu spielen."

König Carol von Rumänien

„Wissen Sie, ein schlechter Mensch war er nicht. Ich habe ihn aus der Zeit der Kleinen Entente sehr gut gekannt. Tatsache ist, daß mein Vater sich dafür eingesetzt und dazu beigetragen hat, daß Carol auf den Thron zurückkehren konnte. Bloß war er für die Rolle des Königs etwa so geeignet wie ich für Schneewittchen mit den sieben Zwergen. Er entwickelte sich zunehmend zu einem Operettenhelden, der schönen Damen unter dem Fenster Ständchen bringt und dazu auf der Gitarre klimpert. Aber, wie gesagt, ein schlechter Mensch war er nicht. Wußte man mit ihm umzugehen, so ließ er sich schon auf manches ein. Einmal habe ich ihn sogar dazu bewegen können, etwas gegen den Antisemitismus in Rumänien zu unternehmen. Und das, mein Lieber, war gar nicht so einfach."

Stalin

„Die Dinge liegen nun einmal so: Über Stalin wissen wir einfach zu viel. Steht man vor ihm, so wirkt er ganz anders als auf Bildern und Plakaten, anders auch als in Karikaturen. Ich bin ihm begegnet und habe überhaupt keine Angst verspürt. Wie kann ich ihn bloß beschreiben? Er hat etwas von einem alten Bauern und auch etwas von jenen Kerlen aus Bosnien, die ihren Kramladen in einem Korb vor dem Bauch herumtragen. In seinen Augen blitzt ab und zu mal Gutmütigkeit auf, meist aber erinnert sein Blick eher an den eines alten, schlauen Fuchses."

„Die kommunistische Propaganda hat um Stalin so viel Lärm geschlagen, daß man jetzt wirklich schwer sagen kann: Bis zu diesem Punkt ist es Joe und von hier ein Lehrbuchheld. So behaupten sie, er sei ein großer Soldat. Ich weiß nicht, mich erinnert er viel eher an die Vertreter des patriarchalischen Systems, die man noch unter den Bauern in Serbien antrifft, die ihre Familie mit harter Hand beherrschen und gegen jeden, der es wagt, ihnen oder ihrer Sippe etwas zuleide zu tun, eine blutige Vendetta führen.

Gewissermaßen ist er auch so etwas wie ein Papst, das Oberhaupt der allerheiligsten aller Kirchen. Offen gestanden mochte ich an Napoleon nie bloß das Schlechte, bloß die Schattenseiten sehen, und genauso widerstrebt es mir irgendwie, Stalin mit Hitler in einen Topf zu werfen. Manchmal hat man beinahe den Eindruck, in seinen Augen einen Funken von Menschlichkeit zu sehen, aber des Teufels Augen funkeln auch, und vielleicht ist Stalin eben deshalb noch gefährlicher, als wir meinen!"

Molotow und Wyschinski

„Wissen Sie, was eine kalte Schnauze ist? Nun, Sie sollten sich Molotow mal ansehen. Der reinste Eiszapfen. Sooft ich mit ihm zusammentreffen soll, ziehe ich zusätzlich eine Strickjacke an. Nicht nur einmal ist mir der Gedanke durch den Kopf gegangen, er muß wohl in einem Reagenzglas gezeugt worden sein. Wenn wir so in verschiedenen Konferenzen sitzen, läßt er mir auf Zettelchen Befehle zukommen — die Zettelchen bewahre ich mir auf. Wer weiß wozu so etwas gut sein kann... Und mir bleibt nichts übrig als zu gehorchen. Ich habe mich beinahe damit abgefunden, die Rolle des Foxterriers auf den His-Master's-Voice-Reklamen zu spielen. Jedesmal, wenn ich Molotow sprechen höre, bete ich, daß die Stimme meines Herrn wenigstens diesmal ein klein wenig menschlicher klingt.''

,,Wyschinski ist ein besserer Taktiker, ein besserer Diplomat. Irgendwie hat ihn die westliche Kultur dennoch geprägt. Aber auch er ist kaltschnäuzig. Bei einer Konferenz habe ich einmal seine Tochter getroffen. Ein ganz hübsches Mädchen. Da mußte ich daran denken, was wohl passieren würde, wenn es ihr einfallen sollte, sich in einen der jungen Männer aus einer westlichen Delegation zu verlieben. Ob Papa gleich als Staatsanwalt auftreten und sie nach Sibirien schicken würde? Im selben Atemzug fragte ich mich, ob die jungen Leute in Rußland es sich heutzutage eigentlich noch leisten können, sich zu verlieben.''

Churchill

,,Chamberlains Regierung bestand aus einem Panoptikum älterer Gentlemen in einem recht fortgeschrittenen Stadium der Verkalkung, die mit Sicherheit alles immer am besten wußten. Sie können sich vorstellen, wie ich frohlockte, als sie die Szene räumen mußten. Ich habe einmal Pergamentrollen gefunden, auf denen die Worte eines chinesischen Philosophen zu lesen waren: 'Glücklich und weise der Mann, der sein Amt verläßt, solange er noch Herr seiner Sinne ist'. Ich kaufte ein Dutzend dieser Rollen und verschickte sie an alle mir persönlich bekannten Mitglieder der bisherigen Regierung. Ein paar habe ich mir noch aufgehoben. Man kann ja nie wissen, wann man sie wieder brauchen wird. Auf alle Fälle war ich sehr froh, Winston Churchill und Anthony Eden sowie andere Freunde ans Ruder kommen zu sehen. Ich kenne Churchill seit vielen Jahren. Meist haben wir auf derselben Seite gestanden. Ein großer Mann! Eine Gestalt wie aus Shakespeares Tragödien. Vergleichen Sie nur ein paar frühere britische Premierminister mit Winston. Nehmen Sie Chamberlain oder Baldwin. Ganz einfach Zwerge! Ich habe schon immer gewußt, daß Churchill ein großer Mann ist und ich bewunderte ihn als Staatsmann, der ein volles, intensives Leben führte. Seine wahre Größe aber habe auch ich erst im Krieg ermessen können. Die Rede, die Churchill an jenem Tage gehalten hat, als Hitler Rußland überfiel, sollte man den Kindern in der Schule vortragen. Churchills Tragödie besteht darin, daß er wohl ein Volksführer aber kein Parteivorsitzender ist. Im Krieg hat er das ganze Volk geführt, in Wirklichkeit ganz Europa. Als er aber dann wieder nur Parteivorsitzender wurde, hat er eine Menge Dummheiten begangen. Doch auch so ist er wohl immer noch der klarste Kopf in England geblieben."

E d e n

„Anthony Eden ist der vollkommenste Gentleman, dem ich je im Leben begegnet bin und mit dem ich die Ehre gehabt habe, zusammenzuarbeiten. Er hat keine so starke und ausgeprägte Persönlichkeit wie Churchill, doch ist er ein besserer Diplomat und menschlich zuverlässiger. Ich mag ihn wirklich gern und glaube, daß es sich umgekehrt auch so verhält. Zu meinen Londoner Rundfunkreden hat er ein paar schöne Worte geschrieben. Ich mag eitel erscheinen, aber es hat mich sehr gefreut, daß dieses Lob ausgerechnet von Eden kam."

A t t l e e

„Attlee ist wohl keine Führernatur, dafür aber ein Phänomen — der gemeinsame Nenner, das Gummiarabikum der Labour Party. Wann immer die zerstrittenen Flügel der Partei sich nicht einigen können, rufen sie Attlee, der die Scherben dann wieder zusammenkittet. Er verfügt nicht über allzuviel Phantasie, hat aber einen vorzüglichen Riecher für den goldenen Mittelweg. Ohne Attlee wäre die Partei wahrscheinlich längst schon in zehn kleine Splitterparteien zerfallen. Demnach ist er vielleicht kein überragender, hingegen ein äußerst nützlicher Politiker. Eigentlich sollte jede demokratische Partei einen solchen Attlee für Krisenzeiten in Bereitschaft haben."

Über die Kunst zu leben

„Die Menschen verstehen nicht zu leben", sagte mir Masaryk einmal. „Sie rackern sich ab, denken dabei nur an das Geld und wenn sie fünfzig sind, wabbelt an ihnen das Fett. Dann geben sie alles, was sie verdient und zusammengespart haben, in Karlsbad aus, um wieder abzunehmen."

An jenem Tag sollte ich Jan Masaryk zum House of Commons begleiten, wo er mit einer Gruppe von Abgeordneten verabredet war. Als ich ihn in seiner Wohnung abholte, traf im letzten Augenblick eine Nachricht von Duff Cooper, dem Veranstalter der Begegnung, ein. Er ließ Masaryk wissen, daß unvorhergesehene, wichtige Ereignisse im Parlament ihn zwangen, die Zusammenkunft um eine Stunde zu verschieben. So blieb uns eine volle Stunde Zeit. Wir verbrachten sie bei einem türkischen Kaffee, den Masaryk mit vollendeter Kunst zu brauen verstand.

„Die Menschen sind übergeschnappt", sagte er. „Das gilt zumindest für die meisten von ihnen. Sie tun lauter Dinge, die sie gar nicht tun wollen, unterlassen dafür aber, was sie gerne täten. Ich bin da ein treffliches Beispiel. Glauben Sie wirklich, ich sei so scharf darauf, in einer Stunde zum Parlament zu wandern und dort zwei, drei Dutzend Leuten etwas vorzuplappern, deren Hauptberuf darin besteht, sich wichtig zu nehmen? Das ist doch nicht Ihr Ernst! Ich könnte Ihnen auf Anhieb mindestens zehn verschiedene Beschäftigungen aufzählen, mit denen ich diesen Nachmittag weitaus nützlicher und dabei auch unvergleichlich angenehmer verbringen könnte. Ich hoffe, Sie unterschätzen meine Intelligenz nicht dermaßen, um zu meinen, ich wüßte nicht genau, daß auch Ihnen für Ihren Nachmittag zehn weitere Dinge einfallen würden. So könnten wir beispielsweise ein Stückchen weiter, nach Surrey fahren. Jetzt, im Herbst, sind die Wälder dort am schönsten. Oder Sie könnten mit Ihrem Kleinen auf den Spielplatz gehen und ihm Sandburgen und Tunnels bauen. Wir könnten ihm auch einen Drachen basteln und ihn am Hampstead Heath steigen lassen. Oder in den Hyde Park gehen und dort von den großen Rednern etwas dazulernen."

„Zu den ärgerlichsten Dingen im Leben gehört die Tatsache, daß der Mensch selten das tun kann, was er gerne täte. Das geschieht natürlich aus den unterschiedlichsten Gründen. Für viele sind wir nicht verantwortlich. Hätte ich mir zum Beispiel hundertmal vorgenommen, heute das Feld umzupflügen, ich würde den Pflug stehenlassen und Feuerwehrmann spielen, falls die Scheune des Nachbarn brennen sollte. Sie können ein Leben lang mit dem Ziel verbringen, das Paaren der Schmetterlinge zu beobachten. Plötzlich kommt ein Hitler daher, und Sie müssen das Schmetterlingsnetz in die Ecke stellen, es gegen ein Gewehr eintauschen und statt Pfauenaugen, Nazis fangen gehen. Oft liegt die Schuld aber auch bei uns. Die Menschen denken zu viel an Geld, Ruhm und goldene Schulterstücke. Da ist einer, der eigentlich immer Geigen bauen wollte. Nur hätte er dann keinen Anspruch auf Rente. So wird er sich lieber jahrelang mit dem Studium abplagen und sich tödlich langweilen, damit er seine Laufbahn als stellvertretender Abteilungsleiter der Steuerverwaltung in Pardubice beschließt. Titel, das ist unsere Spezialität. Nirgendwo in der Welt findet man ähnliches. Haben Sie je gehört, daß hier, in England, jemand 'Mister Manufacturer' genannt wird? Oder 'Mister Counsellor'? Jedem genügt es vollkommen, wenn man ihn bloß mit seinem Namen anspricht. Wir aber müssen jedem, der soeben die Reifeprüfung abgelegt hat, 'Herr Doktor' sagen, und jeder Maurergehilfe läßt sich mit Vergnügen 'Herr Ingenieur' titulieren. Und erst die Frauen! Einfach fürchterlich! Da ist eine, deren Mann in Kardašova Rečice Beisitzer ist, also muß man sie unbedingt mit 'Frau Doktor' ansprechen, oder mit 'Frau berittener Oberwachtmeister'. In mancher Hinsicht sind unsere Leute wirklich noch lächerlicher als die anderen."

„Ja, oft opfern die Menschen für Geld und Titel ihr eigenes Glück. Eigentlich stände mir nicht das Recht zu, dagegen zu wettern, denn ich selbst hätte auch lieber an meinem

Klavier bleiben sollen. Ich habe es aber wenigstens nicht der Moneten und des Ruhmes wegen verraten, das schwöre ich Ihnen. Trotzdem sollte man lieber meinem Beispiel nicht folgen. Der Mensch müßte sein Handwerk, ich meine den Beruf, den er gerne ausüben möchte, sobald wie möglich wählen und dann bei seinem Leisten bleiben. Oder er kann meinetwegen den Beruf jährlich wechseln, wie Jack London, um das Leben von allen Seiten her kennenzulernen. Die meisten Menschen entscheiden sich weder für das eine noch für das andere. Steht der Markt augenblicklich für Juristen gut, so werden eben aus Hunderten von Menschen, die als Uhrmacher, Gärtner, Schaufensterdekorateure oder Buchhändler erfolgreicher und glücklicher gelebt hätten, einfach Juristen gedrechselt. Dann bekommen wir natürlich eine Juristenschwemme und haben zu wenig Ärzte. Ein andermal wieder werden aus geborenen Juristen und Geometern um jeden Preis Ärzte hergestellt. Das ist eines der größten Übel."

„Ein anderes liegt darin, daß die Menschen nicht recht wissen, was sie mit ihrer Freizeit anfangen sollen. Wer andererseits diese Kunst beherrscht, hat meist die erforderliche Freizeit nicht, um sie anzuwenden. Wie ich zum Beispiel. In einer halben Stunde marschiere ich zum Parlament, um einer Handvoll alter Kacker etwas vorzufaseln, die nur deshalb kommen, weil sie wissen, daß ich stets auch ein paar Witze auf Lager habe. Dann muß ich weiter hasten und bei einer dieser Parties, die Sie ja auch kennen, als Clown auftreten. Wer diese Cocktailparties erfunden hat, den sollte man an den Eiern in Zugluft aufhängen! Danach muß ich schleunigst einen Kostümwechsel vornehmen und bei einem Dinner erscheinen, das Lord und Lady Soundso zu Ehren Seiner Exzellenz XY geben. Um Mitternacht wanke ich dann todmüde heimwärts, putze mir die Zähne und danke Gott, daß er mir wenigstens ein gutes Bett beschert hat. Wenn ich Ihnen einen wirklich gutgemeinten Rat geben darf, bemühen Sie sich nie darum, Außenminister zu werden."

„Die Leute geraten auch sehr leicht wegen nichts und wieder nichts aus dem Häuschen. Warum, das wissen sie vielleicht selbst kaum. Mir kommt es ja auch zwanzigmal am

Tage aus der Haut zu fahren. Aber dann rede ich mir gut zu: 'Schau, Mensch,' sage ich mir, 'überlege dir noch einen Augenblick, daß heute nicht der achtzehnte November, sondern der fünfte Dezember ist'. Und wenn ich mich dann noch nicht beruhigt habe, lege ich noch einen weiteren Monat hinzu und stelle mir vor, es wäre schon der neunte Januar. Das rate ich auch anderen Leuten, wenn ich sie in Rage sehe. Natürlich kann nicht jeder die Dinge wie mein Vater *sub specie aeternitatis* betrachten. Glauben Sie ja nicht, ihm sei die Galle niemals übergelaufen. Bis zur Weißglut konnte er sich ärgern! Wer es also nicht *sub specie aeternitatis* fertigbringt, sollte es doch wenigstens *sub specie* von vierzehn Tagen oder zwei Monaten versuchen. Auch das hilft schon irgendwie.''

,,Aus den allerverschiedensten Gründen verpfuschen sich die Menschen das Leben oft eigenhändig, sei es, weil sie berühmt werden wollen, sei es, weil sie andere beneiden oder weil sie sich nicht umsehen und ihnen so auch die schönen Dinge im Leben entgehen. Sie kennen ja die Sorte. Ich nenne sie Sauerkraut. Es gibt leider Unmengen davon. Oder sie wissen vielleicht einfach nicht, was sie vom Leben erwarten sollen. Was sie sonst noch für Gründe haben oder zu haben meinen, das weiß nur Gott allein. Der Mensch muß seinen Weg selber finden. Sofern er ihn tatsächlich sucht, gelingt ihm das auch verhältnismäßig schnell. Hat er den Weg erst einmal, so muß er darauf bleiben, sonst kann er sich leicht verirren.''

,,Es gibt nicht viele Menschen, mein Lieber, die wissen, was das Leben doch für eine herrliche Sache ist. Ein unschätzbares Geschenk eines anonymen Spenders. Er gibt sich nicht zu erkennen, doch erwartet er, daß Sie dieses geschenkte Leben mit Leichtigkeit tragen, wie eine Blume im Knopfloch. Das wissen aber die wenigsten. Kein Wunder übrigens. Die meisten schuften sich zu Tode und sind kaum imstande, an etwas anderes zu denken, als daran, wie sie die paar Groschen für ein Butterbrot zusammenkriegen. Mein politisches Programm sähe vor, die Welt so einzurichten, daß jedem für sich selbst genügend Zeit bleibt. Daß also die Schinderei und Plackerei auch aufhören und die Menschen etwas vom Leben haben. Ich meine, jeder sollte wenigstens einen Monat im Jahr Urlaub haben. Doch genügt es nicht, den Leuten mehr Freizeit einzuräumen, man muß ihnen auch beibringen, was sie mit der freien Zeit beginnen können. Und das ist der zweite Teil meines politischen Programms."

„Sie müssen vor allem Klarheit darüber haben, woran Ihnen am meisten liegt, was Ihnen das größte Vergnügen bereiten würde. Wollen Sie einen Ausflug machen? Bitte, gehen Sie nur. Ich komme nicht mit, weil mir ein kleiner Spaziergang durch den Park genügt. Sie sollten sich aber den Rucksack nehmen und ruhig zu einer Wandertour aufbrechen. Wollen Sie auch Berge besteigen? Warum nicht? Und, wenn's beliebt, Hals- und Beinbruch! Sie sterben wenigstens glücklich! Ich steige höchstens bis zum zweiten Stock, Ihnen aber steht es frei zu klettern, wo es Sie hinzieht. Haben Sie die Absicht, alle Bücher der Welt zu lesen? Dabei, glaube ich, wird Ihnen so mancher Spaß im Leben entgehen und die Menschen werden Sie obendrein vermutlich noch für einen Bücherwurm und einen komischen Kauz halten. Sollten Sie das aber tatsächlich von ganzem Herzen wollen und sollten Sie auch wirklich etwas von Lektüre verstehen, greifen Sie bitte zu den Hausschuhen, stopfen Sie sich die Pfeife und lesen Sie meinetwegen auch bis zum Jüngsten Gericht. Wollten Sie gerne Gärtner sein und sind Buchhalter geworden? Was macht das schon? Umsatteln können Sie zwar nicht mehr, dafür aber wenigstens in der Freizeit ihr Gärtchen bestellen. Das können Sie allemal. Zumindest in seiner Freizeit sollte jeder das tun, was ihm tatsächlich Freude macht. Leider sind wir davon noch sehr weit entfernt und es muß vieles zurechtgerückt werden, bevor all dies möglich sein wird."

„Ich weiß, daß einem der Sinn kaum nach Mozart und seiner Musik steht, wenn man voller Sorgen ist und sich den Kopf darüber zerbricht, woher man wohl morgen das Frühstück für die Kinder herzaubern soll. Und Frau Novák wird sich kaum mit einem Buch hinsetzen können, wenn sie, todmüde vom Waschen, noch Fränzchens Hose nähen, Mariechens Schürze flicken und gleichzeitig an hundert andere Dinge denken muß, die sie auch nicht vergessen darf. All diese Plage und Sklavenarbeit müssen wir abschaffen. Doch bin ich sicher, daß die Menschen das Leben intensiver genießen werden, als sie es heute tun, noch bevor wir soweit sind. Wir müssen ihnen klarmachen, wie man sich von Sorgen befreit. Ich habe den Eindruck, es sterben mehr Leute vor Kummer als an Krankheit. Eigentlich sollte der Mensch alles vergessen dürfen und an einem wunderschönen Morgen die frische Luft in tiefen Zügen genießen. Er darf es einfach nicht zulassen, daß die Sorgen sein ganzes Leben wie ein dunkler Rauchschleier trüben. Ein Lied vor sich hin zu trällern oder zu pfeifen gehört zur seelischen Hygiene und ist ebenso wichtig, oder vielleicht noch wichtiger als ab und zu ein heißes Bad.''

Masaryk verstummte für eine Weile, füllte die Kaffeetassen nach und ging dasselbe Thema von einem anderen Blickwinkel an:

,,Ich mag Menschen, die irgendein Steckenpferd haben. Es kommt nicht darauf an, ob einer Briefmarken, Kakteen, Schmetterlinge oder Aschenbecher sammelt. Ich habe nicht einmal gegen Münzensammler etwas, solange sich ihr Interesse nicht ausschließlich auf Dollar und Pfund beschränkt. Genauso mag ich auch Esperantisten und Vegetarier, Leute, die das Haus voll mit Hunden oder Katzen haben, solche, die sich ein Aquarium halten oder hunderte von Kriminalromanen stapeln, andere, die sich mit einem Igel, einer Schildkröte oder einem Star etwas Leben ins Haus bringen, die Herbarien anlegen, auch Laienschauspieler, Puppenspieler und Fußballfans. Bei solchen Menschen weiß man, daß sie wenigstens etwas haben, woran sie mit Liebe hängen. Man muß kleine Dinge schätzen können. Sie erinnern sich ja, diese Dinge, über die Karel Čapek so oft geschrieben hat. Blumen und Steine, Bäume und Katzen. Um die Menschen lieben zu können, darf man auch kleinen Dingen nicht gleichgültig gegenüberstehen. Ja sogar für Wilderer habe ich eine gewisse Sympathie, weil auch sicher ist, daß sie eine Leidenschaft haben. Ich kann mir nichts Langweiligeres vorstellen als Menschen, denen solche Steckenpferde völlig fremd sind, ganz gleich welche. Sie können meinetwegen auch Porzellanpfeifen mit Franz Josephs Bild sammeln, bloß tun Sie es mit Freude an der Sache!''

,,Jedesmal, wenn ich von kleinen Dingen rede, muß ich an

Čapek denken. Als ich ihm einmal gestand, daß ich ihn um sein Zeichentalent beneide, meinte er, es sollte eigentlich jeder etwas malen können. Was aber nicht heißt, daß jeder unbedingt wissen muß, wie man einen Pinsel handhabt. Es genügt schon, wenn man weiß, wie man die Umgebung zu betrachten hat. In dieser Hinsicht habe ich von Čapek eine ganze Menge gelernt. Ich bin sicher, daß ein Mensch, der seine Umwelt nicht richtig wahrnehmen kann, gar nicht fähig ist, glücklich zu sein. Für den, der die Dinge wirklich zu sehen versteht, hält die Welt unvorstellbare Schönheiten bereit. Ich möchte nicht sentimental werden, aber, bei meiner Seele, ich könnte mich ein ganzes Jahr lang ausschließlich damit beschäftigen, auf der Karlsbrücke auf und ab zu gehen und jede Heiligenstatue von allen Seiten zu studieren. Im unterschiedlichsten Licht. Und auch den Fluß würde ich morgens, mittags, abends und nachts von der Brücke aus betrachten. Ich müßte bestimmt so alt werden, daß mir Methusalem Zigaretten bringen würde, sollte ich all das sehen, was ich wirklich sehen möchte."

„Wenn man nämlich die Dinge tatsächlich mit den richtigen Augen betrachtet, verliebt man sich einfach in sie. Und noch etwas. Man muß auch zuhören können, ruhig sitzen und nur zuhören. Ich bin darin nicht sehr gut, aber es ist wichtig. Die Briten beherrschen diese Kunst. Vater konnte das auch. Er konnte ohne weiteres eine halbe Stunde reglos dasitzen, irgendwohin blicken, dem Wind in den Ästen lauschen, um dann nur die Worte 'Der Baum dort' fallen zu lassen."

„Oft überlege ich, wie man in den Menschen mehr Lebensfreude wecken könnte. Sie machen viele Fehler. Es gibt solche, die viel zu große Pläne schmieden. Ich habe natürlich nichts gegen Planung: Zweijahrespläne, Fünfjahrespläne, Produktionspläne, Verteilungspläne für dies und jenes. Alles läßt sich aber nicht planen. So kann man nicht planmäßig festlegen, daß man sich am nächsten Donnerstag nachmittag in jemanden verlieben wird. Wer zu viele Pläne macht, erlebt meist auch sehr viele Enttäuschungen. Manches geht sicher schief. Vorsicht also, keine geplanten Luftschlösser! Es ist viel sicherer, einfach zu sehen, wohin man den Fuß zuerst setzt. Und dann Schritt für Schritt! Ziegel auf Ziegel, und keine Eile. Da liegt nämlich ein anderer Fehler, den viele begehen. Sie meinen den Sankt-Veits-Dom an einem einzigen Nachmittag bauen zu müssen. Warum denn das? Alles braucht seine Zeit. Und keiner soll glauben, er sei allein auf der Welt. Kann man etwas nicht zu Ende führen, werden mit Sicherheit andere kommen. Nur keine Sorge. Und sollte man auch nur eine 'Unvollendete Symphonie' hinterlassen, so kann auch der Torso ein Kunstwerk sein."

„Stunden würden mir nicht ausreichen, Ihnen aufzuzählen, welche Fehler die Menschen im Leben machen und warum sie nicht glücklich werden. Es gibt zum Beispiel Leute, die zu kompliziert sind. Es fehlt ihnen an Schlichtheit, Bescheidenheit und Demut. Sie möchten um jeden Preis originell wirken, ungeheuer originell. Möglichst eine wandelnde Ausgabe von Siegmund Freuds Gesammelten Werken. Ein solcher Mensch weiß und versteht alles: Einstein und Bartok, Hieroglyphen und sogar Molotow. Entsetzlich! Diese Menschen schämen sich einfach zuzugeben, daß sie von etwas keine Ahnung haben. Dann gibt es wieder andere, für die alles sich nur um die eigene Person dreht. Sie sezieren ihre kleine Seele, kokettieren mit ihrem heißgeliebten Ego und pfeifen auf die anderen. Wie können solche Leute ihr Glück finden? Nicht jeder muß partout ein barmherziger Samariter sein, wenn man aber seinen Mitmenschen schon nicht helfen kann, sollte man ihnen zumindest ein wenig Interesse entgegenbringen. Andererseits beschäftigen sich manche Menschen intensiv mit hundert verschiedenen Dingen, geben aber von dem, was sie gelernt, gelesen, gesehen, erlebt haben, an niemanden etwas weiter. Sie sind also wie ein Lexikon, das in einem Tresor unter Verschluß gehalten wird. Das ist natürlich auch nicht das richtige."

„Ich kriege Dutzende von Fragebogen zugeschickt, mit den unsinnigsten Fragen, die man sich vorstellen kann. 'Wer ist Ihr Lieblingsstar?' Ich antworte immer: 'Rin Tin Tin'. 'Welches war das interessanteste Buch, das Sie in diesem Monat gelesen haben?' 'Ich hatte in diesem Monat keine Zeit, nochmals ‚Krieg und Frieden' zu lesen.' Neulich habe ich zusammen mit vier anderen ehrwürdigen Gentlemen an der Sendung 'Brains Trust' der BBC teilgenommen. Eine der Fragen, die wir beantworten sollten, lautete: 'Warum schwitzt eine Kuh nicht?' Ich weiß wirklich nicht, warum die Menschen sich so krampfhaft bemühen, originell zu erscheinen. Noch keiner hat mich hingegen gefragt, ob ich nicht vielleicht ein Rezept hätte, wie man glücklich wird. Ich habe tatsächlich eines. Nur müßte ich eben alle Zutaten nennen, so wie Beneš seine Gründe anführt: erstens, zweitens, siebenundzwanzigstens. Weil der Mensch nämlich, wenn er wirklich glücklich sein will, so vieles zu bedenken hat. Was das ist? Genau das habe ich mir gedacht. Jetzt wollen Sie das Rezept auch haben. Nun gut. Wissen Sie, nur weil Sie es sind, will ich es Ihnen verraten. Also, es sieht etwa so aus:

'Erstens: Mensch, versuche die Menschen zu lieben. Denke eher an sie als an dich selbst. Und merke dir, wann immer du jemandem geholfen hast, jemandem, der es verdient hat, wirst du glücklicher sein als zuvor. Das ist das erste Gebot.

Das zweite Gebot: Du sollst dir das erste Gebot zehnmal am Tag wiederholen. Dreimal täglich, morgens, mittags und abends, wirst du dir auch vorsagen, daß du keine Kreuzung zwischen Einstein und Newton sein möchtest und daß es nicht wichtig ist, eine solche zu sein, weil auch das kleinste Rädchen in einem Mechanismus seine wichtige Funktion hat und diese auch erfüllt. Vorausgesetzt, es dreht sich wie es soll. Kurzum, du solltest in dir so viel Demut speichern wie möglich. Dann wird dich kein Mißerfolg treffen. Du wirst nicht von Lorbeerkränzen träumen, sondern darüber nachsinnen, wie du nützlich sein kannst.

Drittens: Um Gottes willen, Mensch, lache auch manchmal! Es ist mir freilich hinlänglich bekannt, daß das Leben keine Zirkusarena ist. Eine Folterkammer ist es aber eigentlich auch nicht. Also warum, verdammt noch einmal, solltest du fortwährend so aussehen, als wärst du aus einem Drama von Ibsen entlaufen? Und grüble nicht zuviel. Auch Hamlets Schicksal hätte eine andere Wendung genommen, hätte er nur ab und zu einmal gelacht.

Viertens: Versuche stets das zu tun, was du wirklich gerne tun möchtest. Kannst du tagsüber kein Astronom sein, so sieh dir wenigstens nachts die Sterne an.

Fünftens: Sei kein Münzensammler! Es bringt mehr, Erfahrungen und Erlebnisse zu sammeln als Moneten.

Sechstens: Geh mit offenen Augen durch die Welt, bewundere all die herrlichen kleinen Dinge, die du siehst, und lerne, dich daran zu freuen. Wer versteht, wie man die Dinge sehen muß, kann im kleinen Garten hinter dem Haus mehr an Schönheit entdecken und mehr erleben als ein anderer, der dreimal die Welt umreist.

Siebtens (war das siebtens?): Teile deine Aufmerksamkeit zwischen möglichst vielen Dingen! Interessiere dich für alles, insbesondere aber für jeden. Selbst im langweiligsten Menschen läßt sich etwas Bemerkenswertes finden.

Achtens: Laß dich nicht aus der Fassung bringen! 'Aufregung ist kein Programm', pflegte mein Vater zu sagen. Du mußt nicht wegen jeder Dummheit gleich an die Decke gehen. Ist dir jemand auf die Hühneraugen getreten, so mußt du ihm nicht gleich den Fuß auf den Nacken setzen. Vielleicht hat er es gar nicht böse gemeint.

Neuntens: Du sollst ein Steckenpferd haben. Lerne meinetwegen die Fahrpläne sämtlicher Züge der Welt auswendig. Aber ein Steckenpferd ist ungeheuer wichtig. Mitunter hilft es dem Menschen auch sich zu entspannen.

Zehntens... Aber warten Sie, ich kann ja gar nicht alles in zehn Gebote pferchen! Der Mensch muß nämlich weit mehr als zehn Dinge tun, wenn er glücklich sein will. Bedaure, aber ich kann sie Ihnen nicht wie Beneš aufzählen. Ganz sicher würde ich viele wichtige Punkte vergessen. Bloß eines noch — Sie werden sich das schon selbst zusammenreimen —, folgendes also: Beneiden Sie keinen, denn es hilft nicht. Kapseln Sie sich nie in Ihrer Hülle ab, und sei sie noch so schön. Auch der Körper strebt nach einer Art von Glück. Führen Sie ihn also an die frische Luft. Gesundheit ist äußerst wichtig. Das heißt natürlich nicht, daß einem Kranken das Glück unbedingt versagt bleiben muß. Ich habe im Laufe der Jahre so manchen kennengelernt, der sich nur wie Dampf über dem Topf am Leben hielt. Krüppel und von unheilbaren Krankheiten befallene Menschen sind unter Umständen trotz allem glücklicher, als wir zwei es sind. Ist man aber gesund, so kann man normalerweise ein reicheres, erfüllteres Leben führen. Noch einmal: Verschließen Sie sich nie! Das ist das Schlimmste. Und wenn Sie das beherzigen, dann kommt es letztlich darauf heraus, was bereits im ersten

Gebot gesagt worden ist: Mensch, versuche die Menschen zu lieben. Wenn dir das gelingt, wirst du immer lieber geben als nehmen. Geben heißt aber nicht nur Handschuhe zum Geburtstag und Pantoffeln zu Weihnachten, nein, das heißt vor allem, auch von dem geben, was in dir ist, hier und hier. (Dabei zeigte er auf Kopf und Herz.) Das Gute, das Beste, das du hast, dich selbst mit den anderen teilen. Das ist es.

Ja, noch etwas! Siebenundzwanzigstens: Das heißt natürlich nicht, daß nach diesem Rezept das Glück garantiert ist. Dazu braucht man eben auch noch ein wenig Masel, zum Beispiel etwas vom seltenen Pflänzchen, das man Liebe nennt. Und das kriegt man weder auf Kupons, noch auf dem Schwarzmarkt. Dazu gehört eben Glück. Entweder man hat dieses Glück, oder man hat es eben nicht. Allerdings kann eine gute Köchin auch ohne die empfohlenen acht Eier etwas Gutes backen. So kann ein Mensch, wenn es sein muß, das erwähnte, so seltene Pflänzchen durch ein anderes Gewürz ersetzen: Weisheit, Resignation, na, Sie wissen ja, was ich meine.

Aber wir unterhalten uns da, und die Zeit steht wirklich nicht still! Also, den Kaffee austrinken und — ab geht die Post!"

Jan Masaryks Persönlichkeit

Ich war nur einer der unzähligen Menschen, mit denen Jan Masaryk im Laufe seines an persönlichen Kontakten überaus reichen Lebens ausführlichere Gespräche geführt hat. Selbst wenn auch andere Gesprächspartner ihren Gedankenaustausch mit ihm schriftlich festgehalten hätten, wie ich es getan habe, wäre noch immer mancher Charakterzug seiner Persönlichkeit nur unzureichend ausgeleuchtet. Denn über viele Dinge hat er nicht einmal mit seinen engsten Freunden gesprochen. Nur wenige wissen, wie verschwiegen dieser scheinbar so redselige Mann sein konnte, oder wie meisterhaft er gewisse Themen, die ihm vielleicht ein Leben lang wie ein Dorn im Fleisch saßen, mit einem Scherz zu umgehen verstand. Es waren meist Dinge, für die er keine Lösung sah und über die er deshalb scheinbar oberflächlich hinwegglitt, obwohl sie ihn in Wirklichkeit nie zu quälen aufgehört hatten.

In meinen Aufzeichnungen und auch in meinem Gedächtnis liegt noch ein reicher Vorrat an Aphorismen, Anekdoten und kurzen Schilderungen verschiedener Begebenheiten, die ich hier nicht wiedergegeben habe, weil sie keinem der Kapitel einwandfrei zugeordnet werden konnten. Und doch trägt jede einzelne dieser Äußerungen und Anekdoten zur Ergänzung seines Profils bei, fügt einen weiteren Farbtupfer zum Gesamtbild seiner Persönlichkeit hinzu. So habe ich jenen Jan nicht erwähnt, der die Menschen zwar liebte, sie aber durchaus auch zum Narren halten konnte. Oft genug war ich Zeuge, oder gar selber Zielscheibe seiner Ironie.

Im Jahre 1944 begleitete ich Ladislav Feierabend, den damaligen Finanzminister der tschechoslowakischen Exilregierung, auf einer offiziellen Reise nach Nordirland. Wir folgten einer Einladung der Regierung und die Presse widmete dem Besuch größere Aufmerksamkeit, als ihm eigentlich seiner tatsächlichen Bedeutung nach zugestanden hätte. Zu jener Zeit war ich auch Sekretär des tschechoslowakischen PEN-Clubs. Zu meiner Überraschung gab das Zentrum des Internationalen PEN-Clubs in Belfast mir zu Ehren einen offiziellen Empfang. Wie der Brauch es bei solchen Anlässen will, waren zahlreiche vornehme Gentlemen, viele feine Damen erschienen, sage und schreibe, zwei Generationen der nordirischen Literaturelite. Es gab die üblichen Toasts und Ansprachen. Die Begrüßungsrede des Präsidenten enthielt die schmeichlerischsten Worte, die je über mich gesagt worden sind. Ich war zutiefst beeindruckt. Zum Schluß hob der ehrenwerte Mann sein Glas und sagte: „Und nun gestatten Sie mir, unseren lieben Gast auch in seiner eigenen Sprache zu begrüßen." Was dann folgte, verschlug mir buchstäblich den Atem. Daß mein Gesicht trotz der diplomatischen Schulung, die mir Selbstbeherrschung als oberstes Gebot auferlegt hatte, dennoch eine gewisse Überraschung nicht verbergen konnte, wird wohl kaum jemanden wundern. Was da nämlich von den Lippen des ehrbaren Präsidenten kam, war die tschechische Fassung jener Worte, denen Götz von Berlichingen seinen Ruhm verdankt. Mehr noch, alle anwesenden Damen und Herren erhoben gleichfalls die Gläser und wiederholten mit bemerkenswertem Erfolg den tschechischen Trinkspruch, den sie vorhin aus dem Mund ihres Präsidenten gehört hatten. Tief gerührt mußte ich mich anstrengen, einen plötzlichen Hustenanfall zu überwinden. Um die Situation in den Griff zu bekommen, erkundigte ich mich beim Präsidenten, wer ihm denn diese hervorragende tschechische Aussprache beigebracht habe. „Da staunen Sie wohl, nicht wahr?" fragte er nicht ohne Stolz, und ich gab es bereitwillig zu. „Wissen Sie", erklärte er mir mit dem unschuldigsten Lächeln der Welt, „wir haben uns gegenseitig zugeprostet, Jan Masaryk und ich, als er im vorigen Monat hier war."

Auch von seiner Abneigung gegen Oberflächlichkeit und Dummheit habe ich nicht ausführlich erzählt. Nach einer seiner Amerika-Reisen, die er während des Krieges unternommen hat, sprachen wir über die Schwierigkeiten, mit denen die Informationsarbeit zu kämpfen hatte und die daher kamen, daß die Menschen vielerorts nicht einmal mit den elementarsten Fakten über die Tschechoslowakei vertraut waren. „Keiner weiß das besser als ich", sagte Jan und veranschaulichte das Gesagte gleich mit einem beredten Beispiel:

„Diesmal habe ich einen amerikanischen Politiker kennengelernt, der mich fragte: 'Wie geht es Ihrem Herrn Papa? Geigt er noch?' Darauf sagte ich ihm: 'Ein kleiner Irrtum, Herr Senator. Sie meinen wohl Paderewski und nicht Masaryk. Paderewski spielte jedoch nicht Geige, sondern Klavier, und war nicht Präsident der Tschechoslowakei, sondern Polens. Übrigens weilen beide nicht mehr unter den Lebenden. Von unseren Präsidenten hat nur einer gespielt, und das war Beneš, doch war es weder Geige, noch Klavier, sondern Fußball. Sonst sind aber Ihre Informationen durchaus zutreffend."

Bloß die humorlosen Menschen verabscheute Jan in gleicher Weise wie die Dummköpfe. Auf der Pariser Friedenskonferenz von 1946 mit Hitlers einstigen Satelliten ergaben sich gewisse Schwierigkeiten in der Festlegung der Grenze zwischen der Tschechoslowakei und Ungarn. Die ungarische Delegation kämpfte verbissen um einen schmalen Streifen des Territoriums, das die Tschechoslowakei für sich beanspruchte. Sie behauptete, der Verlust einer auf diesem Gebiet befindlichen Talsperre werde die Stromversorgung eines beträchtlichen Teils von Ungarn zum Erliegen bringen. Es folgte ein peinliches Schweigen, das der amerikanische Delegierte, Botschafter Biddel Smith, mit der Beteuerung unterbrach, zu seinem Bedauern könne er die erwähnte Talsperre beim besten Willen auf der Landkarte nicht entdecken. Der ehemalige General war vermutlich einer der wenigen Anwesenden, die sich mit Landkarten wirklich auskannten. Und in der Tat war die Talsperre weder auf der tschechoslowakischen noch auf der ungarischen Karte verzeichnet. Ich saß hinter Masaryk, lehnte mich nach vorne und flüsterte ihm zu, daß es sich offensichtlich um eine Potemkinsche Talsperre handle. Masaryk lachte, meldete sich zu Wort und gab meine Bemerkung gegen die Ungarn zum besten. Alle lachten, sogar die ungarische Delegation schmunzelte. Nur die Russen saßen unbeweglich und mit eisigen Mienen da.

„Haben Sie gesehen?" fragte Masaryk nach der Sitzung, auf der übrigens nicht geklärt werden konnte, ob die Talsperre wirklich existierte. „Mir war einfach entfallen, daß Potemkin ein Russe war. Wir hätten sie wohl vorher von unserer Absicht, einen solchen Witz zu machen in Kenntnis setzen müssen. Sie hätten dann nach Moskau telegraphiert und sich Anweisungen geben lassen, ob sie den Mund zu einem Lachen verziehen dürfen oder nicht. Manchmal weiß ich wirklich nicht recht, ob ich sie hassen soll, oder ob sie bloß mein Mitleid verdienen. Sie sind humorloser als ein ausgestopftes Kamel. Ich weigere mich einfach zu glauben, daß auch sie Menschen sind. Deshalb beginnen sie mir allmählich Angst einzujagen."

Ich wäre in der Lage mühelos fortzufahren und weitere Begebenheiten um Masaryk zu erzählen, die ich selbst erlebt habe, oder die mir von Masaryk und seinen Bekannten erzählt worden sind. Ohne Schwierigkeiten ließen sich einige Dutzend Geschichten dieser Art zusammentragen und in Buchform veröffentlichen. Ob sie wohl ausreichen würden, um dem Leser ein vollständiges und klares Bild dieser unvorstellbar vielseitigen, schillernden Persönlichkeit zu vermitteln?

Er war schlicht und kompliziert zugleich. Er hatte zum Teil die Wesensart eines Playboys, zum Teil aber auch die Weitsicht eines Propheten. In ihm steckte etwas von einem Clown, aber auch etwas von einem Reformator, etwas von einem genialen Bohemien und gleichzeitig etwas von einem Kleinbürger, der in seinem Haus die Ordnung über alles liebt. Er glaubte an Dichtung und *common sense* gleichermaßen. Er hatte für jeden stets ein aufmunterndes Wort, ist aber selbst der Verzweiflung anheimgefallen.

Seine Persönlichkeit war, wie es scheint, voller Gegensätze und Widersprüche. Welcher Wesenszug stärker ausgeprägt war als die anderen, das habe ich nicht herausfinden können, denn ich bewunderte ihn viel zu sehr, wie er eben war. Für mich wäre er gar nicht Jan Masaryk gewesen, hätte auch nur ein einziger dieser Gegensätze gefehlt. Alle Widersprüche waren durch die Kraft seiner Persönlichkeit so eng miteinander verbunden, so unlöslich ineinander verflochten, daß jeder Bestandteil seinen bestimmten Platz hatte und erst alle zusammen diese bemerkenswerte Gestalt ergaben, die Jan Masaryk hieß. In der Kunst, gegensätzliche Elemente miteinander zu verbinden, liegt wohl gar der Schlüssel zu seiner gesamten Persönlichkeit. Die unermüdliche Suche nach einem gemeinsamen Nenner; die Übertragung aller verquickten Sachverhalte in die schlichte Sprache einer vom Glauben an den gesunden Menschenverstand zusammengehaltenen Gemeinschaft; das unaufhörliche Streben nach jener Harmonie, die in allen Sphären der Existenz sogar mißtönende Kräfte in Einklang bringen kann – das war Jan Masaryk. Ein Staatsmann, der keiner Partei angehörte, weil er eben von der überparteilichen Warte aus die unterschiedlichen Gipfel der Parteiprogramme besser überblicken konnte. Ein Mann, der dem Osten den Westen und dem Westen den Osten verständlich zu machen vermochte. Ein Fachmann für politische Brücken.

„Ich wollte immer Brücken bauen", sagte er mir einmal. „Ich habe mich bloß gründlich geirrt, als ich dachte, wie mein Vater vor mir, die Tschechoslowakei könnte zwischen Ost und West eine Brücke sein. Es war mir zwar nicht unbekannt, daß man auf Brücken auch hin- und herzutrampeln pflegt, doch hatte ich es für eine Weile vergessen." Etwas später fügte er bitter hinzu: „Ich fühle mich wie eine alte Brücke, auf der herumgetreten und auf- und abmarschiert wird. Eine verwahrloste, baufällige Brücke."

War Jan Masaryk ein großer Staatsmann? Die Frage hat man mir oft gestellt und ich habe mich oft dasselbe gefragt. Ich kann die Frage nicht beantworten, denn ich weiß es nicht. Ihm fehlte Beneš' politischer Sachverstand. Er hatte zur Politik nicht das streng wissenschaftliche Verhältnis seines Vaters, besaß auch nicht die diplomatische Gewandtheit eines Disraeli, die legalistische Denkungsart und den Scharfsinn eines Wyschinski, Churchills Kampflust oder Cripps' Erfahrung in Fragen der Volks- und Weltwirtschaft. Zudem hat heutzutage der Außenminister eines kleinen, inmitten eines geteilten Europa gelegenen Staates schon von seiner heiklen Position her nur selten Gelegenheit, seine Kunst als Staatsmann unter Beweis zu stellen. Und dennoch hätte ich mir Jan Masaryk recht gut als Generalsekretär der Vereinten

Nationen oder als Vermittler in internationalen Konflikten vorstellen können. Denn sofern sich diese Welt vom gesunden Menschenverstand leiten lassen soll, hat es nur wenige Staatsmänner gegeben, die besser dafür geeignet gewesen wären als er. Im Gegenteil, ich bin mir ziemlich sicher, daß seit Samuel Johnsons Zeiten nur äußerst wenige Persönlichkeiten fähig gewesen sind, den gesunden Menschenverstand, das, was die Engländer *common sense* nennen, besser und wirksamer einzusetzen als Jan Masaryk.

Darin lag seine größte Stärke. Darin, in seinem Humor und in seiner warmen Menschlichkeit. Diese Eigenschaften machten es auch seinen politischen Gegnern so schwer, ihn nicht zu mögen. Ich habe es miterlebt, daß viele Kommunisten voller Hochachtung, ja sogar voller Sympathie über ihn sprachen. Doch hatte er auch andere Eigenschaften, die zu seiner Popularität beigetragen haben. Daß er zum Beispiel nie aufbrauste – in der Öffentlichkeit zumindest –, daß er mit seinem entwaffnenden Lächeln jeden gewann, daß er auch die peinlichste Situation mit einem Scherzwort zu überbrücken verstand, daß er ein begabter Schauspieler war, der jede Szene beherrschte. Er hatte die Fähigkeit, selbst für die kompliziertesten und verquicktesten Probleme und Situationen eine überraschend einfache, klare und genaue Formulierung zu finden. Ganz zu schweigen von seiner originellen Sprache. Ich glaube nicht, daß er je versucht hat, auch nur einen einzigen Vers zu schreiben, doch seine Sprache quoll von Metaphern förmlich über. Mehr noch, er besaß die Gabe, die nur großen Dichtern vorbehalten ist, selbst das Verwickelteste, das sich kaum in Worte kleiden läßt – oft war es die Weisheit vieler Generationen –, in einen einzigen Satz zu verdichten. Doch dienten ihm diese Fähigkeiten nur als Arbeitsinstrumente. Die Hauptpfeiler seiner Persönlichkeit waren, wie gesagt, der gesunde Menschenverstand, der Humor und die menschliche Wärme.

Ihn zu idealisieren wäre selbstverständlich fehl am Platz. Er wäre der erste, der sich dagegen verwahrt hätte, denn er kannte seine Schwächen nur zu genau und hatte auch nie versucht, sie zu verheimlichen. Ohne diese Schwächen wäre er einfach nicht Jan Masaryk gewesen.

,,Die Menschen sind keine Engel", pflegte er zu spötteln.

„Wäre ich der Allmächtige, ich genehmigte selbst den Engeln hie und da einmal einen Fehler. Ich bin übrigens sicher, daß Er es auch getan hat, sonst wäre das Paradies stinklangweilig!"

Und eben weil er die eigenen Mängel sah, bargen die Schwächen der anderen für ihn keine Geheimnisse. Er kannte ihre Wurzeln. Und besser als jeder andere verstand er es, sich der Psychologie zu bedienen. Er kannte die Menschen und verstand sie, weil er sie liebte. Vielleicht starb er auch, weil er die Menschen allzusehr liebte.

Das letzte Gespräch

Zum letzten Mal habe ich Jan Masaryk zwei Tage vor seinem Tod getroffen. Über dieses letzte Gespräch findet sich in meinen Manuskripten keine Aufzeichnung. Die Gründe dürften wohl auf der Hand liegen. In jenen Tagen nach dem Februar-Putsch lag zuviel Spannung in der Luft, um als Augenzeuge der Ereignisse unbekümmert weiterzuleben, als wäre nichts geschehen. Auch war in mir damals schon der feste Entschluß gereift, Prag für immer zu verlassen, und so war ich verständlicherweise viel zu sehr mit meinen eigenen Plänen beschäftigt, als daß ich die Ruhe aufgebracht hätte, den Inhalt unserer Unterredung wie gewöhnlich schriftlich festzuhalten. Im übrigen war es zu jener Zeit weitaus ratsamer, sich alter Papiere zu entledigen, anstatt ihnen neue hinzuzufügen. Daher besitze ich heute keinerlei schriftliche Anhaltspunkte für unser letztes Gespräch, bin also ausschließlich auf mein Gedächtnis angewiesen. Doch bereitet mir eine wahrheitsgetreue Rekonstruktion gar keine Schwierigkeiten, denn wir haben an jenem Morgen nicht viel gesprochen. Genauer gesagt, es fielen nur wenige Worte. Weitaus schwieriger ist es, Atmosphäre und Umstände dieses letzten Gesprächs wiederzugeben.

Jan war bereits seit Wochen nicht mehr der Mensch, den ich schon so lange kannte. An jenem Tag schien seine Traurigkeit jedoch noch stärker durchzuschlagen als sonst. Er sah bedrückt, ja geradezu verängstigt aus. Auch sein Äußeres hatte sich verändert. Er kam mir irgendwie geschrumpft vor, als sei er in sich zusammengebrochen. Während ich die wenigen Schritte von der Tür zum Schreibtisch zurücklegte, hinter dem er wie immer saß, wurde mir ganz plötzlich bewußt, wie allein er war. Erschreckend allein.

175

Im Grunde genommen hatte Jan, seit ich ihn kannte, immer schon einsam gelebt. Ich wußte aber, daß diese Einsamkeit in Prag anscheinend noch schwerer auf ihm lastete als während der Londoner Kriegsjahre. In seiner kleinen Wohnung in Kensington hatte er sich viel eher zu Hause gefühlt als jetzt, in der luxuriösen Residenz im zweiten Stock des Czernin-Palais, die er nach seiner Rückkehr nach Prag als Außenminister hatte beziehen müssen. Um sich ein gemütliches Heim wenigstens vorzutäuschen, zog er sich in zwei oder drei verhältnismäßig kleine Räume zurück. Dort hauste er zwischen den paar Büchern und den wenigen anderen Gegenständen, mit denen er sich gerne umgab. Es war aber nicht leicht zu vergessen, daß gleich hinter der nächsten Tür Festsaal sich an Festsaal reihte, für jene offiziellen Anlässe bestimmt, vor denen ihm ein Leben lang gegraut hatte.

So lastete die Einsamkeit schon seit geraumer Zeit wie ein schwerer Mantel auf Jans breiten Schultern. Doch war sie mir nie so bewußt wie an jenem Tag. Etwas fehlte in seinem Gesicht. Das Lächeln war verschwunden. Jenes Lächeln, das seine Lippen immer umspielte. Und jener warme Funken, der selbst in den ernstesten Stunden nicht aus seinen Augen wich, jetzt war auch er erloschen.

Was er in den vorangegangenen Tagen durchgemacht hatte, war mir nicht ganz unbekannt. Ich wußte einiges, wenn auch nicht alles. Erst später sollte ich erfahren, daß keiner von den Vertretern der demokratischen Parteien es für angebracht gehalten hatte, sich mit Jan Masaryk zu beraten, der außerhalb der Parteien stand, als die nichtkommunistischen Minister sich für den Rücktritt entschlossen. Sie waren überzeugt, daß der Präsident ihren Rücktritt ablehnen würde und daß sie dadurch die Kommunisten zwingen könnten, von einigen ihrer Forderungen Abstand zu nehmen. Ich erfuhr auch, daß sie ihn von diesem Schachzug, der wie ein Bumerang wirkte und sie mit voller Wucht traf, nur telefonisch und *post festum* informiert hatten; daß auch jetzt keiner das Bedürfnis empfand, Jan aufzusuchen und ihm wenigstens die Beweggründe auseinanderzusetzen, die zum Entschluß geführt hatten. Doch auch das wenige, das ich damals schon wußte, reichte aus, um mir ein Bild von der Hölle, in der er lebte, und von der Last, die er trug, zu vermitteln.

Mir war bekannt, daß Gottwald ihn nach dem Putsch aufgefordert hatte, in der Regierung zu bleiben und daß Jan daraufhin zu Beneš gegangen war, um dessen Rat einzuholen. Die Antwort, die ihm der Präsident gegeben hat, war der Pythia würdig: ,,Das, mein lieber Jan, müssen Sie selbst entscheiden". Mit der Absicht, zu retten, was noch zu retten war, und in der Überzeugung, daß gerade in jenen Augenblicken viele Menschen mehr denn je zuvor seiner Hilfe bedurften, entschloß sich Masaryk zu bleiben. Mit diesem Ziel vor Augen und im Bestreben, seine Position zu festigen, hatte er einige Erklärungen abgegeben, die sich vortrefflich in das Konzept der Kommunisten fügten. Und dann mußte er feststellen, daß Freunde sich von ihm abzuwenden begannen, all jene, denen es zu sehr an Einfallsreichtum mangelte, als daß sie seine Gründe hätten begreifen können. Bald sollte er sich seiner Ohnmacht selbst bewußt werden und einsehen, daß er trotz des Opfers, das zu bringen er bereit gewesen war, in Wirklichkeit keinem mehr helfen konnte. Damals erreichte Jan den Tiefpunkt seiner Einsamkeit.

Obwohl ich von all dem wußte und mir durchaus klar war, daß die bitteren Erfahrungen der letzten Tage tiefe Wunden geschlagen hatten — zu allem hatte sich auch noch eine schwere Grippe hinzugesellt —, schien er mir, als ich ihn nach wenigen Tagen sah, stärker verändert als ich erwartet hatte. Er hockte mit hängenden Schultern vornüber gebeugt am Schreibtisch und hob den Blick erst, als ich den Tisch erreicht hatte. Sonst pflegte er noch bevor ich die Schwelle überschritten hatte, mich mit einem Scherz zu begrüßen. Diesmal warf er mir bloß einen langen Blick zu und wies mit der Hand auf einen Sessel. Auch nachdem ich mich gesetzt hatte, vergingen lange Augenblicke völliger Stille.

Ich brachte einige Unterlagen über Deutschland mit, um die er mich gebeten hatte. Die Regierung, zumindest jene, in der noch die nichtkommunistischen Minister saßen, glaubte, es würde bald zu Verhandlungen über einen Friedensvertrag mit Deutschland kommen und befaßte sich mit der Ausarbeitung der tschechoslowakischen Position zum gesamten Themenkomplex. Mir wurde dabei ein bestimmter Teil der Problemgestaltung übertragen. Ich persönlich hatte einige Zweifel, daß die sorgfältig erarbeiteten Ausführungen auch nur zum Teil jemals zur Anwendung gelangen würden. Nach meinem Entschluß, Prag zu verlassen, hatte ich zudem auch die letzte Spur von Interesse an meiner Arbeit verloren. Im Amt würden sich die Räder weiter drehen, doch ohne mich. Die Arbeit, mit der ich betraut worden war, konnte bis zu einem gewissen Punkt als abgeschlossen gelten. Nun wollte ich diese Gelegenheit nutzen und den Minister bitten, sofern es in seiner Macht stand, mir Hilfe zu leisten, damit ich meine Familie in jenes Land bringen konnte, das ich, wie er wußte, schon lange als meine wirkliche Heimat betrachtete und das kaum zwei Monate später der Staat Israel werden sollte. Daß ich eine andere Gelegenheit abwarten mußte, das erkannte ich gleich nach dem ersten Blick auf Jans Gesicht. Ich konnte natürlich nicht ahnen, daß es keine andere Gelegenheit mehr geben würde. Masaryks unglückseliger Nachfolger, Vlado Clementis, den ich noch aus London kannte, sollte mir schließlich bei meiner Ausreise aus der Tschechoslowakei behilflich sein.

Ich reichte Masaryk das mitgebrachte Material. Er dankte, legte es aber beiseite ohne auch nur einen Blick darauf geworfen zu haben. Ohne Zweifel vermochte er sich nicht einmal für einen Augenblick von der ihn so schwer bedrückenden Last zu befreien. Auch das war für Jan völlig untypisch. Ich wußte, daß er an einer Rede über die Beziehungen zu Polen schrieb, die er zwei Tage später halten sollte und die er aus irgendeinem unersichtlichen Grund für besonders wichtig hielt. Versuchte er sich darauf zu konzentrieren? Dachte er an etwas anderes? Was immer ihn auch beschäftigt haben mochte, es stand fest, daß der Augenblick für das geplante Gespräch denkbar ungeeignet war. Ich erhob mich, um zu gehen.

„Warten Sie", sagte er plötzlich, „warten Sie". Es klang, als fürchtete er, allein zu bleiben. „Wie viele sitzen da draußen?" fragte er und zeigte auf die Tür zum Vorzimmer, wo sich auch ein kleiner Warteraum befand. Ich entgegnete, es warteten vier oder fünf Leute, die offenbar zu ihm wollten. Ich kannte nur einen von ihnen, einen alten Sozialdemokraten, der sich dem Zwangszusammenschluß seiner Partei mit den Kommunisten energisch widersetzt hatte. Jan nickte und sagte nach einer Weile:

178

„So geht es den ganzen Tag. Soll ich sie empfangen? Muß ich sie empfangen? Was kann ich ihnen sagen? Keinem von ihnen kann ich helfen."

Ich entgegnete, daß manchmal auch nur ein Wort von ihm den Menschen helfen könne. Jan schüttelte jedoch heftig den Kopf und bemerkte nach einem langen Schweigen:

„Es wird nicht helfen, mein Lieber, es wird nicht helfen. Diesmal nicht."

Dann sah er sich um und hob den Blick mit einer kreisenden Handbewegung zur Zimmerdecke. Er gab mir deutlich seine Vermutung zu verstehen, durch verborgene Mikrophone abgehört zu werden, und daß vielleicht auch die wenigen Worte bereits mehr waren, als er hätte sagen sollen. Und während ich in sein vor Angst verzerrtes Gesicht blickte, sah ich, wie seine Lippen beinahe lautlos ein Wort formten:

„Grauenvoll!"

Und wieder schwiegen wir beide eine ganze Weile. Er sah mich lange und durchdringend an, als wollte er mir noch etwas sagen. Dann zuckte er mit einer Geste der Resignation die Achseln und seufzte:

„Gut, sollen sie also in Gottes Namen die armen Leute der Reihe nach hereinschicken." Er drückte die Hand auf die Papiere, die ich ihm gebracht hatte, und fügte hinzu:

„Darüber sprechen wir ein anderes Mal."

Weitere Worte sind bei diesem letzten Gespräch nicht gefallen. Ich entsinne mich bloß noch, daß mich auf dem Rückweg zu meinem Arbeitszimmer im Ministerium eine Frage beschäftigte. Werde ich ihn jemals wieder so sehen, wie ich ihn gekannt habe? Und was wird sich wohl alles ändern müssen, bevor das vertraute Lächeln auf seinem Gesicht zurückkehrt?

Zwei Tage später war er tot. Als ich sein regloses Antlitz betrachtete, sah ich das Lächeln, das weise, stolze Lächeln, das er in der Todesstunde wiedergefunden hatte und mit dem er von uns Abschied nahm.

Ich zählte zu den Personen, die an Jan Masaryks Sarg in der Eingangshalle des Czernin-Palais Totenwache hielten. Der Sarg war auf einem hohen Katafalk aufgebahrt und die aufgetürmten Blumen und Kränze behinderten die Sicht.

Wir standen zu dritt auf jeder Seite, mit dem Gesicht nicht dem Sarg, sondern der Menge zugekehrt, die sich von Jan verabschiedete. Sein Profil mit dem vertrauten Lächeln konnte ich nur für eine kurze Weile erblicken, als ich zum Sarg kam, und ein zweites Mal, als wir von sechs anderen Beamten des Außenministeriums abgelöst wurden. Es ist mir nicht aufgefallen, wie zu jener Zeit oft behauptet wurde, daß ein Veilchenstrauß Jans linke Schläfe bedeckt hätte, um eine Wunde zu verhüllen, die nicht vom Fenstersturz herrühren konnte. Mir schwirrten andere Gedanken durch den Kopf, als ich mich damals zum letzten Mal in Jans Nähe befand.

Mit Windeseile hatte sich im ganzen Land das Gerücht verbreitet, Jan Masaryk sei in Wirklichkeit ermordet worden. Von den Kommunisten, behaupteten die einen, von den Russen, meinten die anderen. Fest stand nach Ansicht der Leute nur, daß er ermordet worden war. Ich selbst habe das Gerücht lange nicht glauben wollen. Noch 1952, als die „Gespräche mit Jan Masaryk" zum erstenmal erschienen, und auch später neigte ich eher zur Ansicht, Jan sei zum Selbstmord getrieben worden. Ich hatte dafür bestimmte Anhaltspunkte. Ich kannte die Geschichte seiner Familie und wußte, auf welche Weise seine Mutter den Tod gefunden hatte. Es war ein offenes Geheimnis, daß auch andere Familienmitglieder an Depressionen litten. Jan hatte mir einmal selbst gesagt: „In unserer Familie beginnt es manchmal so um die sechzig mit dem Denken zu hapern." Ich erinnerte ihn daran, daß sein Vater bereits 64 Lenze gezählt hatte, als er 1914 beschloß, ins Ausland zu flüchten und für die Freiheit seines Landes zu kämpfen. Jan lachte auf. Er wollte natürlich seine Bemerkung bloß als Scherz verstanden wissen. Doch bargen seine Späße meist auch ein Körnchen Wahrheit. Ich konnte mir lebhaft vorstellen, daß in der Hölle, die er hatte durchmachen müssen, die Verzweiflung ihn übermannt hatte.

Ich kannte seine Sorgen, seine Zweifel, seine Einsamkeit, vor allem aber sein Gefühl der Ohnmacht. Zwar schloß ich die Möglichkeit nicht ganz aus, daß er einem Mord zum Opfer gefallen war, aber irgendwie schien mir sein Tod mehr Sinn zu haben, wenn Jan sich selbst für diesen Abgang entschieden hätte. Der Sprung in die Finsternis erschien mir als ein letzter verzweifelter Protest. Ich hörte ihn förmlich uns allen zurufen: „Brüder, ich habe Euch geliebt und konnte Euch nicht helfen!" Und mehr als das. Mir schien, er habe uns eigentlich in dieser letzten Nacht seiner tragischen Einsamkeit sagen wollen: „Ihr habt es geschehen lassen, daß die Welt zu einem Ort geworden ist, wo einem die Möglichkeit genommen wird, Brüdern, die man liebt, zu helfen. Ich selbst kann nicht mehr weiter. Doch jeder von Euch darf nichts unversucht lassen, damit der Mensch wieder ein Leben in Würde führen kann." So verstand ich Jan Masaryks Tod.

Zu jener Zeit war ich über manche Fakten nicht unterrichtet, die heute allgemein bekannt sind. Erst viel später sollten Marcia Davenports Autobiographie und all die darin enthaltenen Enthüllungen Klarheit schaffen. Ich hatte zwar gewußt, daß sie und Jan sich seit vielen Jahren kannten. Noch in London fragte er mich einmal, ob ich eines ihrer Bücher gelesen habe und wie ich darüber denke. Auch wußte ich, daß Frau Davenport sich in Prag aufhielt. Es war ja schließlich kein Geheimnis, denn man konnte sie manchmal zusammen sehen. Das war aber auch alles, was ich darüber wußte. Ich entsinne mich nicht, ihn je über sein Verhältnis zu den Frauen sprechen gehört zu haben, mit einer Ausnahme: als er die schwere Zeit seiner gescheiterten Ehe, die mit einer Scheidung endete, erwähnte. Selbst seine engsten Freunde haben von Jan nur wenig zu diesem Thema erfahren, dessen bin ich ziemlich sicher, aber an Gerüchten mangelte es natürlich nicht. Ich bezweifle auch sehr, daß mehr als einer oder zwei von ihnen über Masaryks Vorbereitungen für eine Flucht ins Ausland auf dem laufenden waren. Die Enthüllung Marcia Davenports hat allerdings ein völlig neues Licht auf die damaligen Ereignisse geworfen. Wenn Masaryk wirklich an Flucht gedacht und Vorkehrungen dafür getroffen hat, so ist es unwahrscheinlich, daß seine Absicht den kommunistischen Wachhunden, die ihn keinen Augenblick aus den Augen gelassen und mit Sicherheit jedes seiner Worte abgehört haben, vollkommen entgangen ist. Haben sie davon Wind bekommen, so liegen nunmehr Ursache und Motiv für einen politischen Mord auf der Hand. Jan Masaryk hat wohl über die Kommunisten und ihre Pläne viel zuviel gewußt, als daß sie ihn in die freie Welt hätten entkommen lassen.

Erst dieses Steinchen verwandelte das verworrene Mosaik in ein logisch gegliedertes, wirklichkeitsnahes Bild. Nach Jans Tod habe ich mit einer ganzen Reihe hoher Beamter des Außenministeriums gesprochen. Ich kannte sie alle zu gut, als daß sich für sie eine Komödie gelohnt hätte. Obwohl sie Kommunisten waren, zeigten sie sich nicht weniger erschüttert als ich. Und überdies, warum hätten sie einen Mord verüben sollen? Immer wieder stellte ich mir diese Frage, ohne jedoch eine zufriedenstellende Antwort finden zu können. Welchen politischen Nutzen versprachen sie sich davon? Masaryks Teilnahme an der neuen Regierung brachte den Kommunisten unübersehbare propagandistische Vorteile, sowohl auf der innenpolitischen Szene als auch im Ausland. Ein Mord schien absolut sinnlos. Natürlich konnte ich nicht grundsätzlich ausschließen, daß auf Moskaus Befehl ein Verbrechen verübt worden war. Vieles von dem, was damals in Prag geschehen ist, entsprang nicht tschechischen, sondern russischen Köpfen, und die Logik Dschingis Chans war selbstverständlich Lichtjahre entfernt von jenen Kategorien der Logik, in denen wir zu denken gewohnt sind. Doch nahm ich damals an – und irrte auch darin, wie übrigens in vielem anderen auch –, daß nicht einmal Stalin und Beria ohne Motiv handeln würden. Und ein solches konnte ich, wie gesagt, weder damals noch später entdecken. Es mehrten sich die Vermutungen und Kommentare über die merkwürdigen Begleitumstände dieses Todes. Viele klangen unglaubwürdig. Einige Quellen erwiesen sich als recht unzuverlässig, so daß sich das offizielle Kommunique über Masaryks Selbstmord nicht völlig widerlegen ließ. Erst mit Claire Sterlings Buch „Der Fall Masaryk", in welchem alle Fakten zusammengetragen und hervorragend analysiert sind, kam dann die ganze Wahrheit ans Licht. Aber selbst ihre gründliche Forschungsarbeit wäre ohne Marcia Davenports Memoiren nicht so erfolgreich gewesen.

Der Prager Frühling, jene tragisch kurze Zeit des „Sozialismus mit menschlichem Antlitz", brachte in der Tschechoslowakei eine neue Welle des Interesses für Jan Masaryk, das im Grunde genommen nie ganz unterdrückt werden konnte. Es war mir nicht unbekannt, daß meine „Gespräche mit Masaryk" schon früher in Prag und im ganzen Land unter der Hand kursierten. In der Dubček-Ära wurden nunmehr ganze Kapitel in verschiedenen Zeitschriften veröffentlicht. Zwei Prager Verlage beabsichtigten, das Buch gleichzeitig herauszubringen. Und noch in der Nacht vor dem verhängnisvollen Treffen der von Dubček und Breschnew geleiteten Regierungs- und Parteidelegationen in Čierna nad Tisou las Jan Werich im Prager Rundfunk aus dem Buch. Doch die Bevölkerung wollte offensichtlich nicht bloß Jan Masaryks Gedankenwelt kennenlernen, sondern auch Näheres über seine Persönlichkeit und über seinen Tod erfahren. Der Druck der Öffentlichkeit wuchs dermaßen, daß sich die Regierung schließlich gezwungen sah, den Fall wieder aufzurollen und eine erneute sorgfältige Untersuchung aller Gründe und Umstände anzuordnen, die zu Jans Tod geführt hatten.

Die russischen Panzer, die im August 1968 durch Prags Straßen donnerten, walzten mit ihren Ketten neben unzähligen anderen Hoffnungen auch die Aussicht nieder, daß eine amtliche Untersuchung die Wahrheit über Jan Masaryks Tod zutage bringen würde. Man konnte mit Sicherheit annehmen, daß die Machthaber alle vorliegenden Ergebnisse der Untersuchung unterschlagen würden. In derselben Weise, wie sie schon in der Vergangenheit manches verschwiegen und auch manchen zum Schweigen gebracht hatten. Es überraschte mich daher einigermaßen, als im darauffolgenden Jahr die tschechoslowakische Staatsanwaltschaft bekanntgab, die „Untersuchung des Falls Masaryk" sei beendet.

Wenn etwas selbst die letzten Zweifel an der Ermordung Jan Masaryks zerstreuen konnte, so war es eben diese Verlautbarung. Darin hieß es: „Es konnten keine Anhaltspunkte ermittelt werden, die den Verdacht begründet hätten, daß Jan Masaryk einem Mord zum Opfer gefallen ist." An sich nichts Überraschendes, da ja die Hypothese eines Mordes von vornherein ausgeschlossen werden mußte, wenn die Schuld mit ihrer erdrückenden Last nicht die Machthaber treffen sollte. Doch mit Erstaunen las ich folgenden Satz: „Wegen des beträchtlichen Zeitabstands zwischen dem Augenblick der Tat und der Untersuchung, wegen der Unvollständigkeit der ursprünglichen Ermittlungen, kann nicht mehr mit Sicherheit beurteilt werden, ob es sich um Selbstmord oder einen tragischen Unfall gehandelt hat." Spätestens hier muß sich nicht nur jeder Jurist, sondern schon jeder Primaner die Frage stellen, seit wann denn die Rechtslehre einen tragischen Unfall als „Tat" bezeichnet. Und man muß keine vier Grundschulklassen haben, um stutzig zu werden und zu überlegen, warum die ursprünglichen Ermittlungen wohl unvollständig gewesen sind. Nun folgte aber erst die unwahrscheinlichste Behauptung der gesamten Verlautbarung: „Aus den ermittelten Spuren und dem vorliegenden Beweismaterial geht hervor, daß Jan Masaryk in den letzten Augenblicken seines Lebens, in den frühen Morgenstunden des 10. März 1948, am Fenster seiner Wohnung im zweiten Stock des Czernin-Palais in Prag saß, oder sich hinsetzen wollte, um auf diese Weise wie gewöhnlich seine Schlaflosigkeit zu überwinden. Dabei hat er entweder aus einem ganz plötzlich gefaßten Entschluß heraus Selbstmord begangen, oder er hat das Gleichgewicht verloren und ist durch einen unglücklichen Zufall aus dem Fenster gestürzt. Diese Varianten finden in den sichergestellten Beweisen gleichermaßen eine solide Begründung..."

Mit anderen Worten, überhaupt keine. Hašek, der Vater des unsterblichen „Braven Soldaten Schwejk", hätte es schwerlich besser ausdrücken können. Wäre diese Verlautbarung nicht das ungeheuerlichste Dokument, das jemals von der Staatsanwaltschaft eines Landes veröffentlicht worden ist, ich hätte sie zweifellos für einen der besten Streiche des Soldaten Schwejk gehalten. Nicht einmal Jan selbst hätte einen so gelungenen Ulk aushecken können, um mit einem einzigen Peitschenhieb den Mördern die verlogene Maske vom Gesicht zu reißen.

Wie ein unterirdischer Fluß dringt auch die Wahrheit oft nur auf verschlungenen Wegen ans Licht. Jetzt haben wir also die Gewißheit. In Wirklichkeit bestand aber auch vorher kein Zweifel, daß es sich um einen Mord gehandelt hat, ob nun Jan Masaryk mit Gewalt aus dem Fenster geworfen, oder wie ein von der Meute gehetzter Hirsch zum verzweifelten Sprung in den Tod getrieben worden war. Daß Mord im Spiel war, läßt sich nicht bestreiten. Ungewißheit kann es nur noch darüber geben, wie die Mörder zu Werke gegangen sind.

Soviel war mir — und ich vermute auch allen anderen —, schon in dem Augenblick klar, als uns an jenem Morgen die Nachricht seines Todes wie ein Keulenschlag traf. Als ich damals zum letzten Mal in seiner Nähe stand und dann später mit den anderen seinen Sarg begleitete, dachte ich deshalb nicht darüber nach, wie er gestorben sein mochte, sondern wie er gelebt hatte. Ich dachte an den Jan, den ich gekannt hatte, an seine Weisheit, seinen Witz, an seine Güte und Liebenswürdigkeit, seine Bescheidenheit und Demut, und daran, wie sehr er die Menschen und die Wahrheit geliebt hatte. Und auch daran, daß all das jetzt endgültig zerschmettert, zersplittert und zertrümmert war, wie die Knochen in seinem toten Leib, als man ihn auf dem Steinpflaster des Hofplatzes gefunden hatte. Ich dachte an sein Lächeln und an seine Stimme, die niemand mehr hören, die keinen mehr trösten, keinen mehr aufmuntern würde.

Und damals sagte ich mir: ,,Vielleicht kannst du dazu beitragen, daß seine Stimme wenigstens noch für einige Zeit zu hören ist." Damals faßte ich den Entschluß, dieses bescheidene Buch zu schreiben, eine kleine, aber vielleicht nicht ganz unwichtige Sammlung seiner Gedanken anzulegen, aus den Bausteinen seiner eigenen Worte ein schlichtes, anspruchsloses Denkmal zu errichten, für diesen unvergeßlichen, bezaubernden, uns alle liebenden, menschlichsten aller Menschen, den zu kennen mir vergönnt war.